仕事は初速が9割

いつも余裕がある人の時間配分術

越川慎司
SHINJI KOSHIKAWA

CROSSMEDIA PUBLISHING

はじめに

私たち現代のビジネスパーソンは、時間の「効率化」を迫られています。

日本の企業では、残業をいとわず、長い時間をかけて丁寧な仕事をすることが求められてきましたが、そうした働き方は、すでに許されない状況を迎えています。

限られた時間の中で、いかに成果を出していくか？

これが日本のビジネスパーソンが直面している緊急の課題といえます。


その背景には、二つの要因が深く関係しています。

一つは、日本企業の評価制度が実直さを重視した「プロセス型」から、成果主義やジョブ型と呼ばれる「アウトプット型」にシフトしていること。

もう一つは、「働き方改革関連法案」（２０１９年）が施行されたことで、歴史上、初めて残業時間の上限が設けられたことです。

原則として、１カ月45時間、年間３６０時間を超える残業は法律違反となり、違反した企業には、「６カ月以下の懲役、または30万円以下の罰金」が科されるのです。

この二つの変化によって、残業をする人は、企業にとって「迷惑」な存在となり、これまで高く評価されてきた長時間の残業は、逆に「マイナス評価」の対象となっています。

すべての働く人に求められているのは、従来型の「じっくりと時間をかけた仕事」ではなく、**短い時間で成果を出し続ける「スピード感のある仕事」**なのです。

仕事が早い人は、動く前にどんな準備をしているのか？

スピード感のある仕事とは、どのようなものなのか？

その答えは、意外なキーワードに隠されていました。

これまでは、ビジネスパーソンの仕事の進め方や時間の使い方などは、漠然としたニュアンスだけで語られてきましたが、ビジネスのＤＸ（デジタル・トランスフォーメーション）化やデジタル化が進んだことで、**「仕事ができる人は、時間をどのように費やしているのか？」**を追跡することが可能になっています。

そこで明らかになったのは、成果を出し続けている人は、一般社員と比べて、「**すぐに仕事を始める割合が1・8倍から2・3倍も高い**」ということです。

仕事ができる人は、動き出しの重要性を強く意識しており、「**初速が早い**」という顕著な特徴が浮き彫りになりました。

カナダのカルガリー大学で「先延ばしによる生産性と精神状態への影響」を研究している組織行動学と心理学のピアーズ・スティール教授の研究によって、「先延ばしはタスクの達成率を低下させる」ことが明らかになっています。

これは早くタスクを始める人は、達成率が高いことを証明しており、「**初速が速い**」＝「**成果が出る」という図式が成立する**ことを物語っています。

本書では、さまざまなデータや、その後の行動実験によって明らかになった初速が早いことの「意味」と「意義」をお伝えしながら、「**仕事が早い人は、動く前にどんな準備をしているのか？**」、「**初速を上げると、なぜ成果が出るのか？**」など、仕事を効率よく進めるための実践的なノウハウを詳しくお伝えします。

AI分析でわかった「仕事ができる人は初速が早い」という事実

本文に入る前に、私のバックグラウンドを簡単に説明しておきます。

私は国内外の通信会社勤務を経て、2005年にマイクロソフト米国本社に入社し、日本マイクロソフト業務執行役員として、PowerPointやExcelなどの事業責任者を務めました。その後、2017年に働き方改革を支援する株式会社クロスリバーを設立しました。

クロスリバーは、**「世界中の企業に週休3日制を導入する」**という目標を掲げており、週休3日でも売上げが下がらない→株価も下がらない→給料も下がらない……という企業の在り方を追求しています。

まずは、自分たちからそれを実現するために、私を含めたメンバー全員が、「週休3日制」、「週30時間労働」、「オフィスなし」、「完全リモートワーク」、「副業必須(専業禁止)」、「睡眠7時間以上」を実践しています。

創業から7年目を迎えますが、現在も毎年の増益を継続中です。

私たちの会社は、仕事のムダな時間を削減して、働きがいを高めながら、自分の時間を増やしていく……という働き方を実現するために、これまでに815社、約17万3000人の行動を変えるサポートに取り組んでいますが、その一環として、最前線で働く人たちの日常の働き方の実態調査を進めています。

クラウドサービスや対面ヒアリングを通じて、日々の仕事との向き合い方を調べ、目立った成果を出している人には、デスク周辺に定点カメラを設置し、ICレコーダーやセンサーを装着してもらって、その言動の特徴や傾向を調査しています。

こうして得られたデータをAIと専門家によって分析することで、成果を出している人に共通する「成功ルール」を抽出し、約2万人を対象にした実証実験を実施して、その「再現性」をさまざまな角度から検証しています。

先に紹介した「**仕事ができる人は、初速が早い**」という分析も、**こうした手法によって導き出したもの**です。

「初速を早める」と「次のタスクの初速が早まる」という視点を持つ

「初速」というキーワードは、スポーツや産業の分野で使われることはありましたが、**ビジネスの領域では、あまり意識されてこなかった**と思います。

その理由は、「仕事が早い」とか「仕事が遅い」ということに、明確な定義が存在しないからです。

会議の資料を作成する場合でも、30分で書き上げるのが早いのか、1時間で書ければ早いのか、その基準は曖昧です。

コンテンツが整い、締め切りに間に合ってさえいれば、その作業に費やした時間が問題にされることはなく、「アイツは仕事が早いね」と評価されてきたのです。

これまでは、短時間で終える仕事よりも、じっくりと時間をかけた仕事の方が高く評価される傾向にありました。

「残業アピール」や「徹夜アピール」は、高評価の対象とされていました。

長い時間をかけて仕事に取り組むことは、「苦労している」、「汗を流している」、「努力している」と好意的に受け取られ、「ご苦労さま、大変だったね」という上司の労《ねぎら》いの気持ちが、そのまま評価に反映されてきたのです。

これが「プロセス評価」と呼ばれる従来型の評価基準であり、別名「**同情評価**」ともいわれるものです。

現代のビジネスでは、プロセスではなく、アウトプット（成果）が評価の対象となっていますから、**時間をかけずに多くの成果を出し続ける**ことが要求されています。

それを実現するための第一歩となるのが、「いかに仕事の初速を上げるか？」という視点を持つことです。

「初速」が上がると、締め切り前に作業を終えることが可能になり、**次のタスクの初速を早める**ことができます。

次のタスクを早く始めることができれば、余裕を持って取り組むことができるため、成果を引き寄せることにつながります。

「初速を早める」→「次のタスクの初速が早まる」という好循環を作り出すことが、

時間をかけずに多くの成果を出し続けることを可能にしてくれるのです。

私が本書を出版した理由は、その仕組みやコツをお伝えすることにあります。

日本のビジネスパーソンの初速が遅い理由とは?

海外のビジネスパーソンと比べて、日本人は初速が遅い傾向にあります。

日本には、**「空気を読む」**という習慣が根付いていますから、周囲の目を気にしたり、その場の雰囲気に配慮して、他の人よりも早く動くことに躊躇したり、敬遠する人が多いのです。

「空気を読む」という行為は、行動学的に見ると、眉毛や目、鼻や口などの微妙な動きから相手の喜怒哀楽を判断することですが、欧米人はこれをやりません。

曖昧な表現が多い日本人とは異なり、欧米人は「イエス」と「ノー」をハッキリと意思表示しますから、周囲に対する気遣いはあっても、相手の表情や状況から「何かを察する」必要がなく、**英語には「空気を読む」を意味する表現が存在しない**のです。

眉毛や目の微妙な動きを「微表情」といいますが、日本人は口数が少なく、明確な意思表示をしないため、**微表情から相手の感情や思いを推測**しています。

上司の顔色から雰囲気を察して、不必要なほど派手な多色刷りの資料を作成したり、会議のための会議をやったりしているのは、その典型です。

それが生産性を低下させる理由の一つであり、初速が遅くなる一番の原因でもあるのです。

初速を上げると、どんなメリットがあるのか？

仕事の初速を上げるメリットには、大きく分けて二つあります。

詳しくは本文でお伝えしますが、初速を早くすることによって、**「時間」や「エネルギー」の配分が最適化**され、現代のビジネスに不可欠な**「行動実験」を繰り返すことが可能**になります。

この二つの効果が、仕事の効率を向上させて、いち早く成果を出すことに結びつくのです。

【メリット①】

大事なところに「時間」と「エネルギー」を集中できる

仕事ができる人は、与えられた締め切りよりも少し前に**自分なりの締め切りを設定**して、その間際に最も力を注ぎ込んでいることがＡＩ分析でわかっています。

最後の「詰め」が甘くなると、差し戻しが生じて評価が下がることを経験として知っているため、彼らはこの**最終段階に自分の時間とエネルギーを集中させる**ことを意識して日常の仕事に取り組んでいます。

成果につながる大事なポイントを見極め、自分の時間とエネルギーを最も効果的に配分して最高のパフォーマンスを発揮する……という考え方を「エッセンシャル思考」といいます。

このように**最も大事なところに限りある時間とエネルギーを集中させるためには、早めにスタートを切る**ことが欠かせません。

初速を上げることは、仕事の効率化や成果の最大化に直結するのです。

【メリット②】「行動実験」が可能になり、多くの修正ポイントを発見できる

現代のビジネスには、「こうすれば必ず上手くいく」という最適解が存在しません。あらゆるタスクに「正解」がない時代ですから、いきなり成功を目指すのではなく、**たくさんの失敗の先に成功がある**……と考えて動く必要があります。

仕事ができる人は、「成功or失敗」の二元論ではなく、いくつもの失敗を積み重ねた先に成功があることを理解しており、小さな「行動実験」を何度も繰り返しては、失敗によって得た学びをもとに行動を修正することで、**最終的に成功にたどり着く**……という考え方をしています。

自分の能力と工夫によって問題点を見つけ出し、それをクリアしながら成功への道筋を組み立てていく……という働き方が、現代の多くの企業が切望している「**自律型人材**」といわれるものです。

現代のビジネスでは、こうした行動習慣を身につけることが求められていますが、それを可能にするためには、「初速を早くする」ことがポイントとなります。

初速を上げることによって、行動実験を繰り返すことができれば、それだけ早く成果を出すことができます。

「初速を上げる」という意識を持つことは、成果主義や働き方改革による残業制限に対応するだけでなく、現代のビジネスにとって必要不可欠な要素なのです。

初速の早さが効果を発揮した『ポケモンGO』の成功

「初速を上げる」→「行動実験を繰り返す」→「早く成果を出す」とは、どのような展開をイメージすればいいのか？

本文に入る前に、その具体例をお伝えしておきます。

初速の早さが効果を生んだ成功例といえるのが、2016年に発売されて世界的な大ヒットとなったスマホ向けの位置情報ゲームアプリ『ポケモンGO』です。

このゲームアプリは、発売1カ月で5億人がユーザー登録したといわれていますが、**発売当初はバグ（不具合）が多発した**ことを記憶している人もいるのではないでしょうか。

通常、人気ゲームアプリは完成から3〜4年かけて検証→改良→検証を繰り返し、万全の体制を整えてから発売されますが、『ポケモンGO』は完成から2週間くらいでリリースされ、異例の早さでユーザーの元に届けられています。

『ポケモンGO』は米国ナイアンティック社と日本の株式会社ポケモンが共同開発したものですが、彼らの戦略はゲーム業界にとって画期的なものでした。

最初からバグを想定していたかどうかは不明ですが、一般的には発売前に実施する検証作業をリリース後に回して、ユーザーからのフィードバック→修正→フィードバック→修正……という手法で改良を重ねていき、結果的に何十億人というユーザーの獲得に成功しているのです。

現代は価値観が多様化していますから、発売まで3〜4年もかけたのでは、ユーザーのニーズが変化してしまう可能性があります。

彼らは**アプリの精度が6~7割の状態でいち早く市場に送り出し、その後に修正を繰り返す**ことによって大きな成果を上げています。

『ポケモンＧＯ』が世界水準のコンテンツだったことはもちろんですが、こうした革新的な方法論は、現代のビジネスで成果を出すための有力なフォーマットとなっています。

短期間のうちにプロトタイプ(試作モデル)を作り上げ、ユーザーの視点で課題を見つけてサービスやプロダクトをブラッシュアップ(改良)する……という方法論は、**「デザイン思考」**と呼ばれています。

デザイン思考がビジネスの世界で注目され始めたのは、「グーグル」や世界最大級のビジネス特化型ＳＮＳを運営する「リンクトイン」といった米国シリコンバレーのＩＴ企業が台頭した２０００年前後からで、現在では中国の大手家電メーカー「シャオミ」など、世界の多くの企業がこの手法を取り入れています。

このデザイン思考は、現代のビジネスパーソンが仕事を進めていく際にも極めて有効であり、初速を早めることの効果を十二分に引き出すことになるのです。

初速スピードを上げることは「目的」ではなく「手段」

本書でお伝えする「初速を早める」という考え方や手法は、**目的ではなく手段**です。一番の目的は、仕事を効率化させることであり、限られた時間の中で、いち早く成果を上げることにあります。

早く成果にたどり着くことができれば、次のタスクに取り組む時間を生み出せるだけでなく、**スキルアップや新たなチャレンジの時間を作り出すことができます。**

初速を上げることは、あくまで手段ですから、「現在の難しい局面を楽しむ」くらいのリラックスした気持ちで取り組むことが大切です。

私は、仕事やキャリアは「ゲーム」と考えるようにしています。

短い時間でタスクをクリアすることは、eスポーツやソーシャルゲームと同じであり、**行動実験を繰り返すことはロールプレイングゲームそのもの**です。

現代のビジネスには正解がなく、お手本となるような攻略本が存在しませんから、自分の能力で「オープンワールド」（移動制限がなく、自由に動き回れる世界）を探し回って、たくさんのスキルを身につけ、それを試し続けることによって、さまざまな経験を楽しむ……くらいの気持ちでチャレンジしています。

「この方法はアリだな」とか、「こんなやり方はダメかな？」と面白がりながら取り組んでいけば、前向きな気持ちで毎日の仕事と向き合うことができます。

試行錯誤をゲーム感覚で楽しむことが、キャリアを積み上げることになるのです。

本書が日本のビジネスパーソンが働き方を見つめ直すきっかけになれば、これほど嬉しいことはありません。

２０２３年11月

越川慎司

仕事は初速が9割　目次

002　はじめに　仕事が早い人は、動く前にどんな準備をしているのか？

018　第1章　できる人ほど仕事の初速にこだわる理由

028　追い込まれないと仕事を始めない「メカニズム」を知る
031　「成果を出す人」と「成果を出し続ける人」の違い
035　「気合」と「根性」では、成果が継続することはない
037　初速を上げて「PDCA」を高速で循環させる
040　コト消費の時代は、「拙速」がプラス要素になる
042　「早い失敗」→「早い成功」というアプローチが主流
045　やる気に左右されず、仕事を始めるための仕組みを作る
050　「モチベーション」は大きく三つに分けられる
056　早く仕事を始めると、精神的なプレッシャーを軽減できる

第2章

仕事が早い人が「動く前」にやっていること

初速を上げるための六つの準備とは？ 060

【準備①】「身軽」な状態を作る 062

準備①－1 一つ仕事が増えたら、他の仕事を一つ減らす 062

準備①－2 金曜日の午後3時に15分だけ「振り返り」の時間を作る 066

準備①－3 「社内会議」「資料作成」「メール」は、振り返らないと改善が難しい 068

準備①－4 「サザエさん現象」を解消して、月曜日の初速を上げる 071

【準備②】「心理的ハードル」を下げる 073

準備②－1 目標を小さく設定すれば、動き出しが早くなる 073

準備②－2 気分が乗らない仕事は「ポジ変」して作業を始める 077

準備②－3 脳をダマして初速を上げるための「口グセ」を持つ 078

【準備③】「優先順位」を決める 082

準備③—1 「緊急度」だけに振り回されず、「重要度」が高い仕事を優先する 082

準備③—2 1週間に二つの大目標「ビッグロック」を設定しておく 086

準備③—3 成果を出し続ける人は「ローリスク・ローリターン」戦略 088

準備③—4 「自分でやる仕事」「人に任せる仕事」「やらない仕事」を見極める 094

【準備④】「段取り」を整える 097

準備④—1 タスクを「小分け」にして、スキマ時間を有効活用する 097

準備④—2 「効率よく仕事ができる場所はどこか?」という視点を持つ 100

準備④—3 早い段階で上司を巻き込み、完成イメージを一緒にしておく 103

【準備⑤】「仮説」を立てる 106
準備⑤－1　仮説を立てずに仕事をすると、ムダな作業が多くなる 106
準備⑤－2　5人一組の「チーム戦」で検索の効率を高める 109
【準備⑥】「心理的要因」を探る 111
準備⑥－1　初速が遅くなる原因は「不安」「不明」「不得意」の三つにある 111

第3章

仕事の初速を上げる26のテクニック

やる気がなくてもすぐやる仕組みの作り方 118
【テクニック01】とりあえず「2分」だけ作業してみる 119
【テクニック02】朝起きてから9時間以内に終える 122
【テクニック03】苦手な作業の前に、得意な作業をやる 124
【テクニック04】嫌な仕事をする際は「ゴール」を変える 126
【テクニック05】作業が20%進んだら方向性を再確認する 129
【テクニック06】重要度の高い仕事は、明日に先送りしない 130
【テクニック07】「休憩時間」と「休憩の仕方」を決めておく 135
【テクニック08】休憩は中途半端な時間の方がいい 138
【テクニック09】「休憩」と「再開」をセットにする 142
【テクニック10】スケジュールは2割くらい空けておく 144

作業別 初速を上げるテクニック 146
資料作成【テクニック11】一気に最後まで作ってはいけない 147
資料作成【テクニック12】「1分」のフィードフォワード 150
資料作成【テクニック13】資料の「目的」を明確化する 152
資料作成【テクニック14】スライドの枚数は「持ち時間×0・75枚」 154
メール【テクニック15】「伝わる」を重視する 157
メール【テクニック16】一度に伝える 158
メール【テクニック17】途中で件名を変えない 159
メール【テクニック18】冒頭に100文字の「概要」を入れる 160
メール【テクニック19】要件は「箇条書き」にして番号をつける 161
会議【テクニック20】事前に「アジェンダ」を送る 162
会議【テクニック21】参加者に役割分担を伝える 165
会議【テクニック22】アジェンダのない会議はやめる 166

企画立案【テクニック23】「アイデアを出す」と「企画を決める」を切り離す 167
企画立案【テクニック24】アイデア出しの秘訣は「慣れる」こと 170
情報検索【テクニック25】作業の前に「制限時間」を決めておく 173
情報検索【テクニック26】仮説を立てて複数のキーワードで検索 175

第4章

無意識を操作！すぐやるメンタルの整え方

メンタルを整えないと初動スピードは上がらない 178
【外部環境01】デスク周りを黒や白などの「単色」で統一する 179
【外部環境02】デスクの上に大容量のドリンクを置かない 181
【外部環境03】「整理整頓」を心がけると初速は早くなる 182

【外部環境04】自分が集中できる「場所」を見つけておく 184
【外部環境05】快適な「温度」と「湿度」を意識する 185
【内部環境01】7時間の睡眠を取ると、脳の働きが活発になる 187
【内部環境02】「朝のルーティン」を作って心穏やかに一日を始める 190
【内部環境03】スマホを枕元に置かない 192
【内部環境04】「ストレス発散法」を見つけておく 195
【内部環境05】辛い仕事を始める前に「報酬イメージング」を！ 197
【内部環境06】三つの「ファン」を確認する 199
【内部環境07】脳がやる気を出す「差モチ」の高め方 203

第5章 リーダー必見！チームの「初速」を上げる方法

208 初速が「遅い」リーダーと「早い」リーダーの相違点
213 初速が早いリーダーは、成果を出す仕組みを作っている
221 どんな目標を設定すれば、チームの初速が上がるのか？
225 チームの初速が上がる「指示」の出し方とは？
230 グローバル企業の上司のメンバーとの向き合い方
233 メンバーの士気を高める上手な「褒め方」とは？
239 メンバーの「ポジティブサイド」に目を向ける
242 優秀なリーダーは、メンバーをどう叱っているのか？
245 「ポジティブな未来像」を共有すると初速が早くなる
247 成長するチームに根づく「ファン＆ラーンの法則」

250 おわりに 明日から「小さな行動実験」を始める勇気を持つ

第1章

できる人ほど仕事の初速にこだわる理由

初速が遅い人は仕事が雑になる

追い込まれないと仕事を始めない「メカニズム」を知る

仕事は「**早く始めて、早く終える**」**ことが理想**ですが、現実的には、それほど上手くはいきません。

小学生の頃の夏休みの宿題と同じように、期限ギリギリになって、ようやく重い腰を上げる人がほとんどではないでしょうか？

こうした行動パターンは、老若男女や洋の東西を問わず、誰にでも共通しているようですが、そのメカニズムは心理学によって解明されています。

明確な期限が設定されていると、**人間には二つの心理的なバイアス（偏り）が働く**といわれています。

バイアス 01

締め切り直前になると一気に集中力が高まる「締め切り効果」

明確な締め切りが設定されていると、「それに遅れてはまずい」という理性が働くことで、締め切り直前になると一気に集中力が高まり、これまでにないほどの猛スピードで作業ができる……という心理現象が「**締め切り効果**」です。

「火事場の馬鹿力」と同じように、切羽詰まった状況に追い込まれると、人間には驚くほどのパワーを発揮する能力があります。

それを一度でも経験すると、**「まだ大丈夫だな」と時間を逆算する習慣が生まれる**と考えられています。

バイアス 02

期限ギリギリまで仕事を膨張させてしまう「パーキンソンの法則」

「パーキンソンの法則」とは、英国の歴史政治学者パーキンソンが提唱した「**仕事**

の量は与えられた時間をすべて使い切るまで膨張する」という心理作用です。

本来ならば40分で終わる社内会議を、会議室を60分で予約したからといって、時間一杯まで引き伸ばすようなケースは、日常的によくあります。

その20分がムダになるとわかっていても、時間を使い切りたいという気持ちが働いて、**時間はあれば、あるだけ使おうと考えてしまう**のです。


こうした心理効果は、上手に活用すれば効果を発揮することもありますが、その背後には大きな「罠」が潜んでいます。

締め切り効果にばかり頼っていると、**ギリギリになるまで動き出さない**「**先延ばし癖**」**がついてしまう**ため、計画的なスケジュール管理ができなくなります。

一番の問題点は、いつも期限一杯まで時間を使うことによって、**次のタスクの初動が常に遅くなってしまう**ことです。

「成果を出す人」と「成果を出し続ける人」の違い

締め切り間際に気合と根性で猛スパートをかけたら、思った以上に仕事が上手くいった……という成功体験は、誰もが経験したことがあると思います。

「やればできる」と自分のポテンシャルの高さに満足することもあるでしょうが、残念ながら、**その喜びはあまり長くは続きません。**

現代のビジネスパーソンは、たくさんのタスクを抱えており、残業や徹夜作業は許されない状況ですから、すぐに次のタスクに取り組む必要があります。

気力と体力を使い果たし、精根尽き果てた状態では、どうしても次のタスクの初動が遅くなってしまうのです。

締め切り間際ではなく、最初の段階で猛然とスタートダッシュをすることで、仕事が上手く進んだ経験がある人もいると思います。

いざ仕事を始めてみたら、意外と気分が高揚して、資料作成などがドンドンと進む状態を「**作業興奮**」といいます。

作業興奮が始まると、時間を気にせず、「**行けるところまで突き進もう！**」という気分になって、爆走状態を続けることができます。

そのまま最後まで一気に駆け抜けることもありますが、問題はそのタスクが終わった後に起こります。

心身ともに疲れ切った状態では、すぐに次のタスクに手をつけることができなくなって

図1 次の初動が遅くなる仕事の進め方

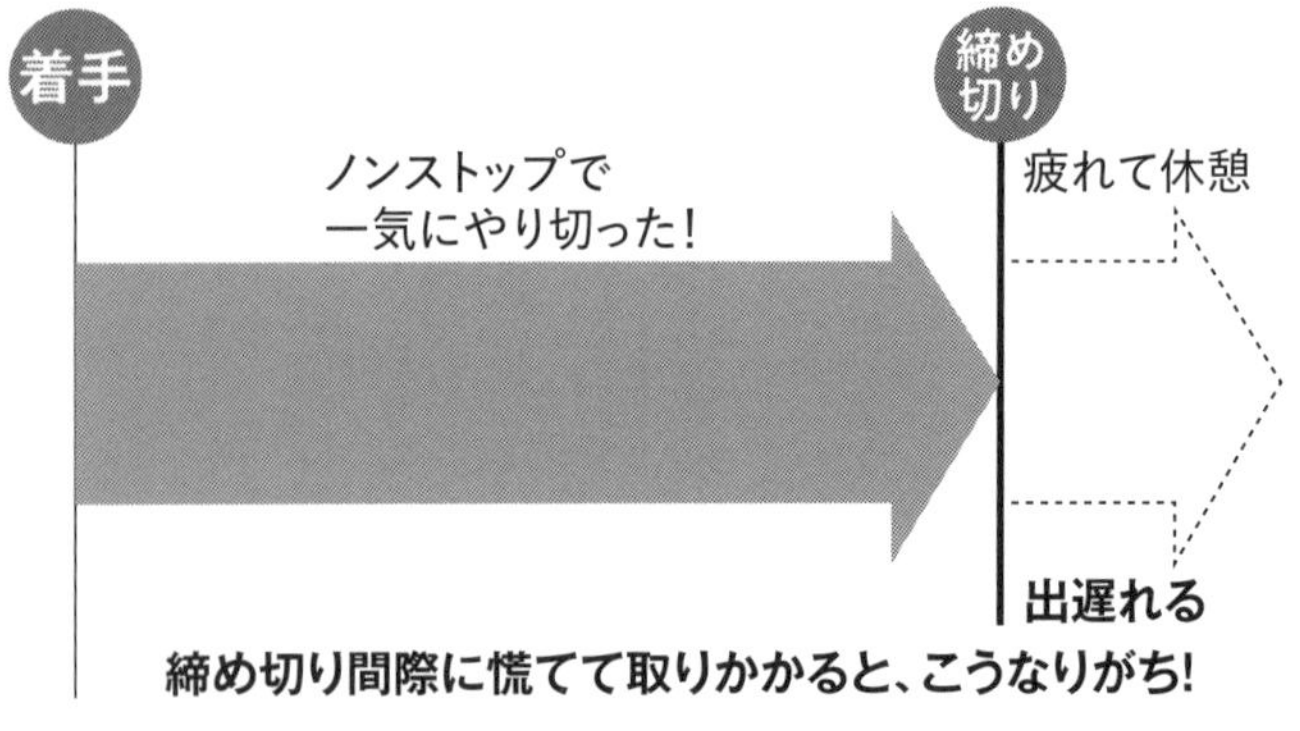

締め切り間際に慌てて取りかかると、こうなりがち！

しまうのです（図1参照）。

どちらの場合も、手がけたタスクは上手くいくかもしれませんが、次のタスクの動き出しに影響が出てしまいます。

一度は成果を出すことができても、成果を出し続けることが難しくなるのです。

AI分析によると、成果を出し続けている人は、与えられた締め切りの少し前に独自の期限を設定して、リミットの前にタスクを終えていることがわかっています。

作業の途中でしっかりと休憩を取っていますから、作業興奮によって疲労困憊することはなく、**体力と集中力を余らせた状態でタス**

図2 余力を残して次の仕事に素早く取りかかる!

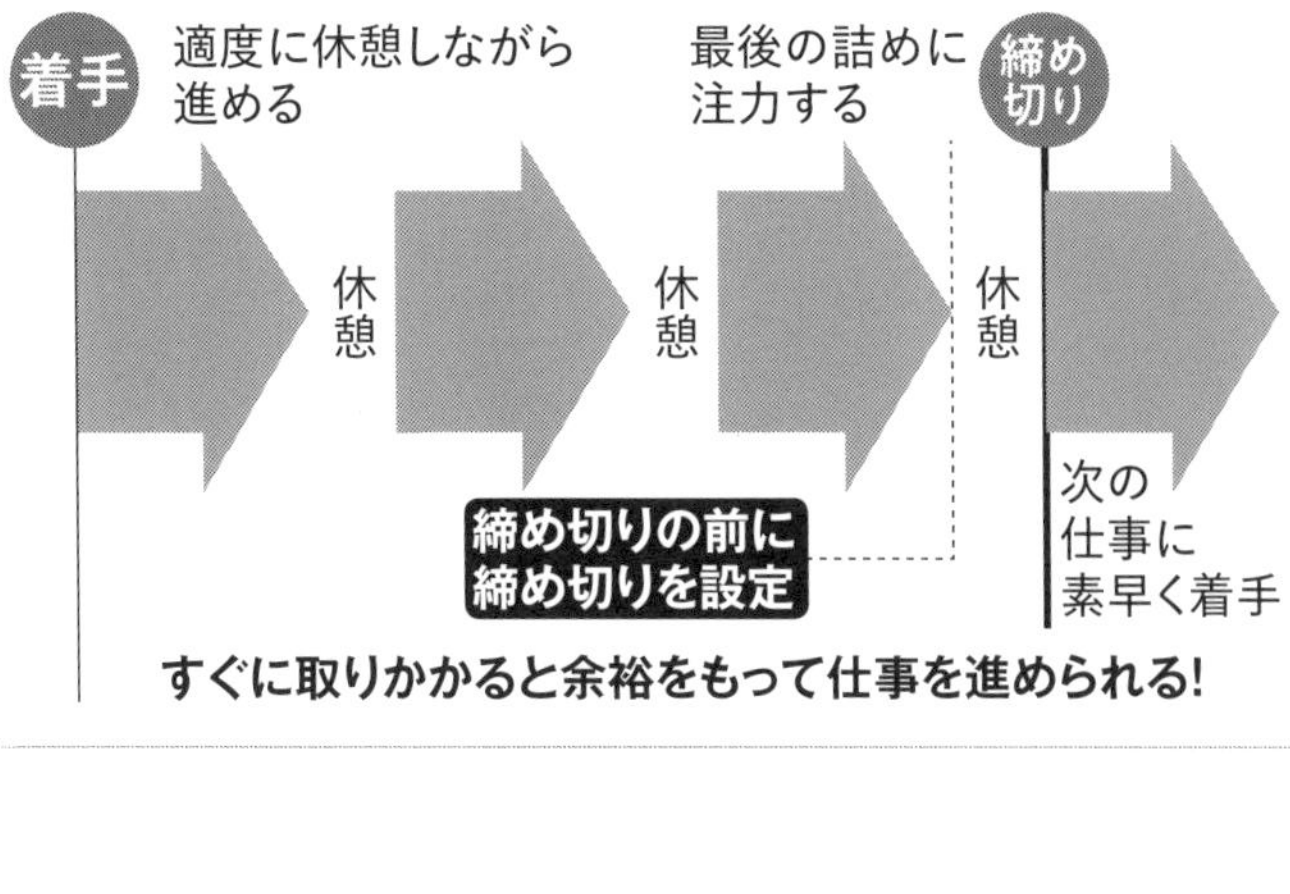

すぐに取りかかると余裕をもって仕事を進められる!

クを終えています（図2参照）。

時間的にも、エネルギー的にも「ゆとり」があるため、余裕を持って次のタスクに取り組むことができます。

これが「成果を出す人」と「成果を出し続ける人」の違いといえます。

「気合」と「根性」では、成果が継続することはない

現代のビジネスではアウトプットが評価基準ですから、プロセスではなく、成果をアピールしていく必要があります。

気合と根性で仕事に向き合えば、一度は成果が出るかもしれませんが、**一番の問題は「継続性」に欠ける**という点にあります。

現代のビジネスパーソンは、限られた時間の中で、たくさんの成果を出すことが求められていますから、一度のラッキーパンチで勝利を手にしたくらいでは、その評価は限定的なものになります。

継続して成果を出していくことが、何よりも重要です。

成果を出し続けている人は、一度限りの成功に一喜一憂することなく、継続的に成果を出し続けられるような「仕組み」を作って、毎日のタスクと向き合っています。33ページの図2で示したように、彼らは独自の期限を設定して、**その直前に全エネルギーを集中できるように進め方を工夫している**のです。

詳しくは後の章で細かく解説しますが、成果を出し続けている人は、こうした仕組みを作ることで、**時間的にも体力的にも余裕を持って、期限よりも早くタスクを完了させています。**

何か不測の事態が発生しても、それに対応することが可能になり、次のタスクに向けて動き始めることができます。

会社規模の大小や、仕事の分野にかかわらず、成果を出し続けている人は、こうした状態を作り出すために「初速を上げる」ことを意識しているのです。

初速を上げて「PDCA」を高速で循環させる

初速を上げると、行動実験が可能になり、たくさんの修正ポイントを見つけることができる……という考え方は、見方を変えれば、**「PDCA」を何度も回せる**ことを意味しています。

現代のビジネスでは、「Plan」（計画）→「Do」（実行）→「Check」（検証・評価）→「Action」（対策・改善）という「ＰＤＣＡ」サイクルを早く回すことが基本とされていますが、初速を上げることによって、このサイクルを繰り返し高速で循環させることが可能になります。

ＩＱの高い人や、一時的に成果を出す人は「Ｐ」（計画）に力を入れる傾向にあり、この段階に多くのエネルギーと時間を費やしています。

精度100％の「P」を作り上げることを目指し、場合によっては精度を120％から150％まで高めてから動き出します。

こうしたアプローチでも成果を出すことは可能ですが、制限時間内に回せるPDCAは1サイクル程度となり、**限られた検証と改善だけで期限を迎える**ことになります。

成果が限定的になってしまう理由は、ここにあります。


AI分析で明らかになったのは、5年前も現在も、たとえコロナ禍であっても常に成果を出している人は、精度70％くらいで「P」を

図3 仕事が早い人と遅い人のPDCAの回し方

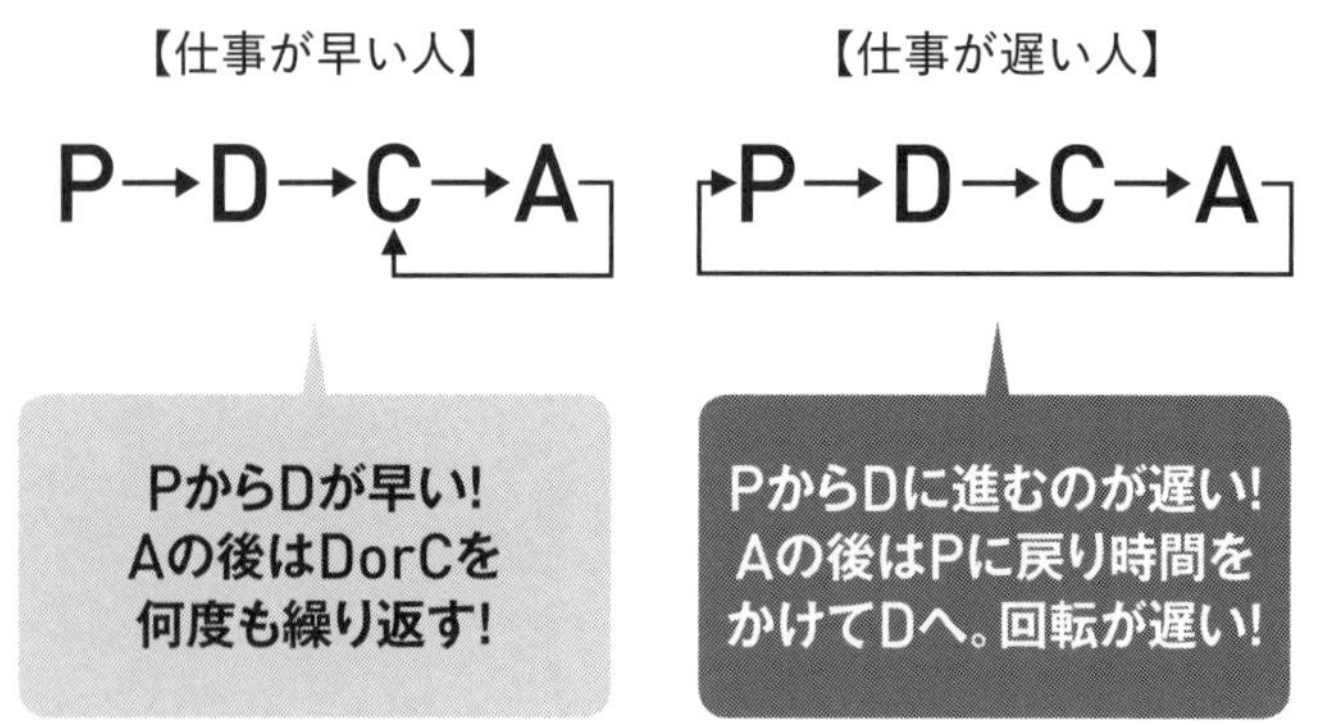
【仕事が早い人】
P→D→C→A
PからDが早い!
Aの後はDorCを
何度も繰り返す!
【仕事が遅い人】
P→D→C→A
PからDに進むのが遅い!
Aの後はPに戻り時間を
かけてDへ。回転が遅い!

スタートさせて、**制限時間内にPDCAを2〜3サイクルは回すことを想定しているということです**(図3参照)。

彼らは、「PDCA」→「PDCA」で回すのではなく、「P」と「D」を徐々に小さくして、「PDCA」→「DCA」→「CA」→「CA」……というサイクルで回しています。「CA」→「CA」を繰り返すことによって、PDCAのサイクルで回すよりも、**検証と改善の回数を圧倒的に増やす**ことができます。

そのための時間を十分に確保するために、初速を早くしているのです。

現代のビジネスには、「正解」や「模範解答」がありませんから、「DCA」や「CA」のサイクルを時間の許す限り数多く回すことで、検証や改善の精度を高めていくことが、成功に向かう確かな道筋となります。

成果を出し続けている人は、**「数多くの修正点を見つけ出すために、初速を早くしている」**のです。

コト消費の時代は、「拙速」がプラス要素になる

古代中国の軍事思想家・孫武が著したとされる兵法書『孫子』には、「環境の変化にいかに応じていくかが、一番の戦力である」と記されています。

周囲の状況の変化に対応して、**「早く動き」→「早く修正する」ことが戦いを制する**のは、今も昔も同じです。

日本では、**早くタスクを終えることを「拙速」と称してマイナスで捉える**時代が長く続いてきましたが、それは「モノ消費」が主流だった過去の話です。

「重厚長大」で「多機能」な商品を生み出せば、間違いなく売上げがアップする……という日本企業が最も強かった時代は、研究や開発に時間をかけて、じっくりと一つのプロダクトを作り上げれば、ずっと食べていくことができました。

こうした日本の黄金期ともいえるモノ消費の時代は、1990年代初頭のバブル崩壊を境に終焉《しゅうえん》を迎えています。

商品やサービスに価値を見出すモノ消費に代わって、現代は体験などの精神的な満足感に価値を置く「コト消費」の時代に変わっていますから、**これまでに蓄積してきたビジネスの「ノウハウ」が通用せず、**誰にも正解の出し方がわからないという難しいフェーズ（局面）に直面しています。

変化の激しい現代のビジネスでは、プロトタイプ（試作品）を作って反応を確かめ、修正を加えてさらに反応を確かめる……という作業を何度も繰り返すことによって顧客のニーズに近づくことが最も有効な方法論と考えられています。

それを実践するためには、**「初速を上げる」ことによって時間的なアドバンテージを作り出して、検証と改善を何度も繰り返していく**ことが大切です。

早く動き出して、早くタスクを終え、早く次のタスクに取りかかる。

現代のビジネスでは、「拙速」はマイナスではなく、逆にプラス要素となる「褒め言葉」と考える必要があるのです。

「早い失敗」→「早い成功」というアプローチが主流

コト消費の時代を迎えて、価値観の多様化が進んだ現代のビジネスでは、「成功or失敗」の二者択一ではなく、**失敗の積み重ねの先に成功がある**……と考えて行動する必要があります。

「早く失敗しなければ、次の失敗と次の成功が訪れることはない」と理解している人は、例外なく初速を早くすることを意識しています。

意外に思うかもしれませんが、**仕事のできる人は、成功を目指していません。**

最初から成功を目指してしまうと、十分な準備が必要になるため、**「P」ばかりが大きくなって、動きが鈍化してしまう**からです。

成功を目指さず、行動実験を繰り返すことを目指して動き出せば、失敗を恐れる必要がなくなるため、リラックスした気持ちで仕事を進めることができます。

「別に失敗してもいいんだ」と思って動くから、自然と初速は早くなります。

成功は最初から目指すものではなく、最後に引き寄せればいいのです（図4参照）。

こうした仕事の進め方は「デザイン思考」と呼ばれ、グローバル企業では一般的ですが、日本企業に根付いていないのは、評価制度に理由があります。

これまでは、「失敗＝マイナス」という人事評価だったため、まずは失敗しないことが

図4「初速」が早い人の「成功」の捉え方

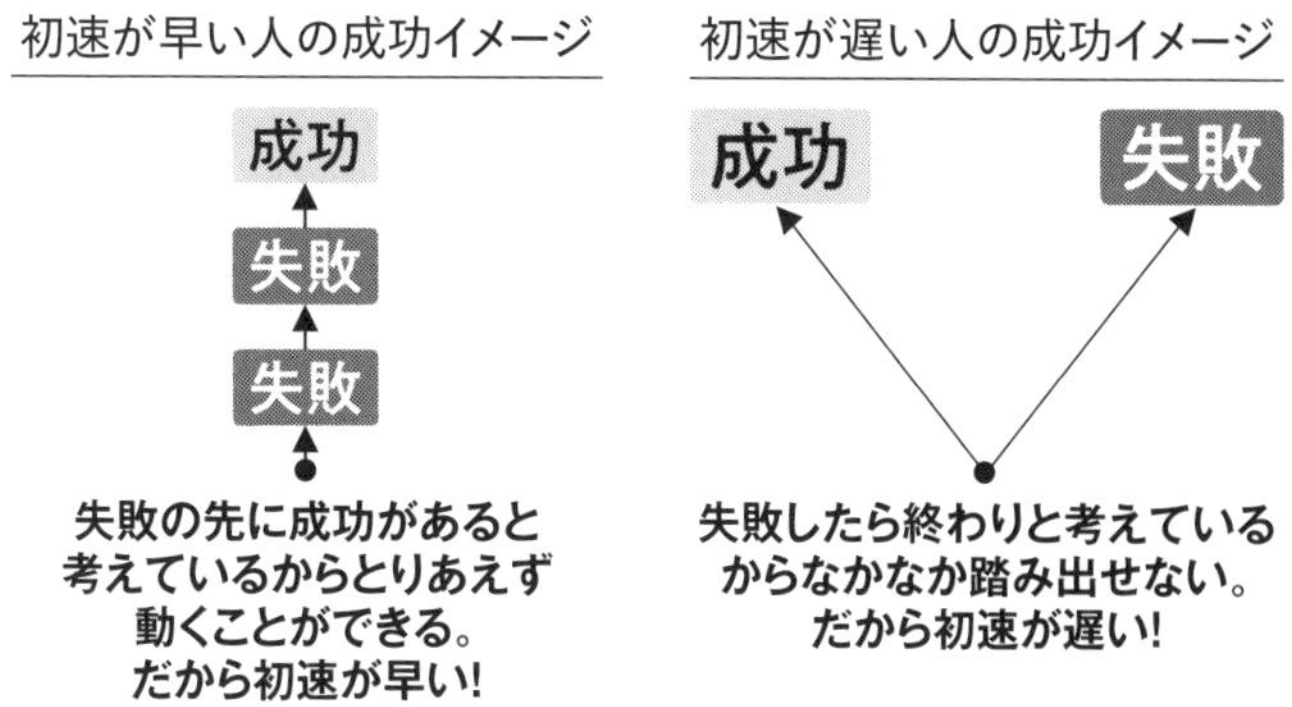
初速が早い人の成功イメージ
成功
失敗
失敗
失敗の先に成功があると考えているからとりあえず動くことができる。だから初速が早い!
初速が遅い人の成功イメージ
成功
失敗
失敗したら終わりと考えているからなかなか踏み出せない。だから初速が遅い!

求められてきたからです。

最近では、日本の多くの企業で成果主義が主流になり、失敗しても最終的に成功すれば許される……という評価制度に徐々に変わってきていますから、きちんと仕事のできる人が正当に評価される環境になりつつあると感じています。

やる気に左右されず、仕事を始めるための仕組みを作る

仕事で追い込まれると、「締め切り効果」が働いて集中力を高めることができますが、いつもそれにばかり頼っていたのでは、継続的に成果を出すことが難しくなります。

成果を出し続けている人は、締め切り効果や「やる気」に頼らず、素早く行動を始めるための仕組みを作っています。

自分に合った仕組みを作っておけば、**習慣として自動的に動くことができます**から、問題なく初速を早めることができます。

成果を出し続けている人は、**「時間」と「やる気」という二つのアプローチ**から、継

続的に成果を出すための「仕組み作り」をしています。
それぞれの特徴は、次のようになります。

時間

独自の締め切りを設定して「パーキンソンの法則」を上手に活用する

人間の心理には、設定された期限ギリギリまで作業を膨張させてしまう「パーキンソンの法則」が働く……とお伝えしましたが、これを封じて目の前のタスクを早く終わらせ、効率よく次のタスクをスタートさせるためには、**与えられた締め切りの少し前に独自の締め切りを設定する**ことによって、パーキンソンの法則による「遅れ」を防ぐことができます。

与えられた締め切りが明日であれば、「明日までにやろう」という心理が働くことは、誰にでもあります。

多くの人が、**締め切りから「逆算」して自分の行動を決めている**ため、「明日までに仕上げれば大丈夫だな」と考えてしまうのです。

仮に今日の夜が仕事の締め切りと設定していたら、おそらく昨日のうちに準備をしていたと思います。

与えられる締め切りの2～3日前に、自分の設定する締め切りを設定しておけば、不測の事態に対する対処が可能になるだけでなく、締め切り効果やパーキンソンの法則を自分でコントロールすることができます。

やる気 モチベーションに頼らない「ルーティン」を持つ

いくら成果を出し続けている人でも、モチベーションが低下しているときや、体調が悪い日もあります。

彼らが成果を出し続けられるのは、モチベーションの低下や体調の悪化に関係なく、言い方を変えれば、やる気があろうとなかろうと、**やる気に頼らずに仕事を進めるためのルーティン（行動習慣）を作っているからです。**

別の視点で見ると、ルーティンを作ることによって、「締め切りが近くならないと、仕事に手をつけない」という事態を避けるための「仕組み化」を図っているともいえます。

成果を出し続ける人のルーティンとして、最も有名なのが元大リーガーのイチローさんの徹底した行動パターンです。

試合前の準備から、練習メニュー、試合中の身体の動かし方、バッターボックスでの動作まで、厳密に同じ動作を繰り返していたことは有名ですが、それらはすべて**常にベストコンディションで試合に臨むためのルーティン**です。

ビジネスの世界でも、仕事のできる人は、独自のルーティンを持っています。

何か特別な行動をしているわけではなく、「出社したら、コーヒーを飲んで、トイレに行ってから仕事を始める」とか、「パソコンの電源を入れる前に、観葉植物に水をあげる」など、普段やっていることに新たな習慣をプラスしてルーティン化しています。

私の場合は、毎朝4~5時くらいに起きて、「お湯を沸かす」→「白湯を飲む」→「サプリを飲む」→「大人の塗り絵をやる」→「コーヒーを飲む」……をルーティン化しています。

塗り絵をやるのは、デジタルから離れて、自律神経を整えることが目的です。

ある程度の行動を決めておくと、**考えなくていいので脳が楽になり、すぐに仕事を始めることができます。**

こうした生活スタイルを崩さずに続けていると、**ルーティンをしただけで、自動的に仕事スイッチがオン**になります。

やる気やモチベーションとは関係なく、自然に気持ちを仕事モードに切り替えることができるのです。

「モチベーション」は大きく三つに分けられる

日本のビジネスパーソンには、「やる気」と「モチベーション」を混同して考えている人が少なくないように思います。

やる気とは、**行動を起こす前の段階で、自分の欲求を満たしたいと思う瞬間的な感覚**のことを指します。

それに対して、モチベーションとは、**行動を起こしてから継続的に自分の欲求を満たそうとする気持ち**を指しますから、モチベーションとは、やる気の延長線上に存在するものなのです。

私の会社で実施した815社、17万3000人のビジネスパーソンに対するアンケート調査によって、モチベーションは大きく三つに分類できることが明らかになっています。

自分がどのタイプに該当するのかを考えることによって、モチベーションの高め方や対処法がクリアになると思います。

分類 01　仕事を始める前からやる気満々の「前モチ」

仕事に対する意欲に溢れて、**作業を始める前からモチベーションが高い**のが「前モチ（ベーション）」です。

元プロテニスプレーヤー・松岡修造さんのように、何ごともポジティブで前向きに考える人のことで、ビジネスパーソンの15％が「前モチ」タイプです。

少し疲れ気味の人が多いようですが、**常に鼻息が荒いため、初速も早くなる**傾向があります。

分類 02

「目標設定」によって、モチベーションが高まる「差モチ」

自分の目標とか理想に向かって、**現実とのギャップを埋めるために動く**のが「差モチ」です。

「英検の資格を取りたい」という目標を掲げたら、その資格を持っていない現在の自分とのギャップ（差）を埋めようとする思いがモチベーションになるタイプで、ビジネスパーソンの30％がこれに該当します。

明確な目標を設定することによって、モチベーションを高めることができます。

この「差モチ」の具体的な高め方については、第4章「メンタルの整え方」の中で詳しくお伝えします。

分類 03
「作業興奮」でモチベーションが高まる「後モチ」

最も多いのが、いざ仕事に手をつけたら**「作業興奮」によってモチベーションが高まってくる**「後モチ」です。

最初はやる気がなかったり、モチベーションが低い状態でも、実際に仕事を始めてしまえば、意外とノッてきて作業がスイスイと進むことになり、これが全体の50％以上を占めています。

成果を出し続けている人のほとんどが、このタイプに属しています。

1.2万人のアンケート調査によって、モチベーションというのは、作業興奮によって最も高まりやすいことがわかっています。

モチベーションが高まってから仕事を始めるとか、モチベーションが降りてくるのを待つのではなく、どんな小さなことでもいいから、**とにかく何かを始めることによって、モチベーションが高まります。**

そのきっかけを作ってくれるのが、先にお伝えした「ルーティン」を持つことです。

手を洗うことでも、パソコンの電源を入れることでも、どんなことでもいいから自分のルーティンを作って仕事に取りかかってしまえば、モチベーションは後からついてきます。

自分が「前モチ」や「差モチ」タイプではないと思うならば、次のようなシミュレーションが役に立つと思います。

①自分にとって無理のない「ルーティン」を持つ

↓

②スムーズに仕事を始めることができる

↓

③仕事を始めると、「作業興奮」によってモチベーションが高まる

↓

④モチベーションが高まって、作業がスイスイと進む

↓

⑤自然と「初速」が早くなる

モチベーションとは、湧いてくるのを待つものではなく、自分の工夫によって作り出すものです。

何らかのルーティンを作って、仕事を始めることを「仕組み化」してしまえば、モチベーションは後から高まってきます。

それが、成果を出し続けるための「最速の近道」になります。

早く仕事を始めると、精神的なプレッシャーを軽減できる

私が社会人になって働き出してから26年になりますが、自分では「時短一筋26年」と考えています。

根っこの部分には「**楽をしたい**」という思いがありますから、早く仕事をしてしまった方が、後で苦しまなくて済む……というのが本音です。

小学4年生の頃、夏休みの宿題を最終日の8月31日に集中して片付けたことがあります。

そのときに、「一番効率がいいやり方はこれかな?」と気づきましたが、遊ぶ時間を削ってまで宿題をやるのは大変な苦痛であり、「これでは楽しくないよな」と子供

ながらに思った経験があります。

そのツラさに凝りて、小学5～6年生のときには、夏休みが始まって1週間目くらいには、ほぼ宿題が終わっているような状態を作っていました。

勤勉だからではなく、夏休みを楽しみたいからです。

私には「怠け癖」があるため、20代の後半には、「やる気に頼らずに仕事をする仕組み」について考えるようになりましたが、それが一気に加速したのはマイクロソフトの役員になったことがきっかけです。

取り扱う仕事量が膨大で、受信するメール数は1日800通を超えていました。

これを残業せずに処理するとなると、**「不要なことをやらない」**、**「やると決めたらすぐにやる」**以外の方法は見つかりませんでした。

その頃は、日常の業務だけでなく、他にもやりたいことが多くあり、新しいことをやらなければいけない状況にあったため、「初速を早める」ことを常に意識するようになったのです。

私もともとは、締め切り間際になってエンジンがかかるタイプですから、快適なアドレナリン(戦闘モードに入るホルモン)が出ることによって気分は高揚するのですが、精神的には相当なストレスを抱え込みます。

そのタスクを乗り越えたとしても、次のタスクのスタートが遅れて苦しい状態になってしまいますから、早く仕事を始めて苦しさを前に持ってきた方が、ストレスが「平準化」されて、結果的に精神的な重圧を「減らす」ことができるのです。

タスクの最後に時間的、精神的な余裕を持つことができれば、次のスタートが早くなるだけでなく、ストレスの軽減にもつながります。

こうした試行錯誤を繰り返すことによって、成果を出し続けるためには、「初速を上げる」ことが最も有効な手段……という考え方にたどり着いたのです。

第2章

仕事が早い人が「動く前」にやっていること

どんな準備が好スタートを生むのか？

初速を上げるための六つの準備とは？

第1章では、成果を出すための「初速」の重要性をお伝えしましたが、第2章では、**早く動き出すための「準備」に焦点を当てます。**

初速を上げて、早く成果にたどり着くためには、これから始めるタスクの解像度を上げるだけでなく、前向きにタスクと向き合えるように感情をコントロールするなど、さまざまな準備が必要です。

まずは、何から手をつければいいのか？

この章でお伝えするのは、次の六つの項目です。

①素早く動き出すために「身軽」な状態を作る
②気後れを防ぐために「心理的ハードル」を下げる
③円滑に進めるために「優先順位」を決める
④手順を知るために「段取り」を整える
⑤ムダを省くために「仮説」を立てる
⑥躊躇を取り払うために「心理的要因」を探る

事前の準備にあまり時間をかけると、動き出しが鈍くなります。

これから始めるタスクの性質や方向性、自分の気質やスキル、置かれている状況などから総合的に判断して、必要と思われる準備を優先して進めることが大切です。

すべてを横断的にやるのではなく、ポイントを絞り込むことで効果が高まります。

【準備①】「身軽」な状態を作る

準備①-1 一つ仕事が増えたら、他の仕事を一つ減らす

新たなタスクを始める際には、ある程度は「身軽」な状態を作っておかなければ、早いスタートが切れなくなります。

現在のタスクを丸ごと抱えたままでは、作業のための時間が足りなくなり、**すぐに身動きが取れなくなります。**

誰にでも適正なキャパシティ（容量）がありますから、その容量以上に仕事を抱え込んでしまうと、効率が悪くなるだけでなく、すべてのタスクが未消化に終わる危

険性が高まります。

大事なポイントは、「**一つ仕事が増えたら、他の仕事を一つ減らす**」という視点を持つことです。

常にこの視点を意識していれば、新たなタスクを始めるときだけでなく、日常的にムダな仕事を減らすことができます。

ビジネスパーソンの間でよく話題に上がる「**週報**」**の作成**などは、最初に検討すべきタスクといえます。

週報とは、1週間の行動を上司に報告するための「ウィークリーレポート」のことですが、面倒で時間がかかる作業のわりには、生産性はゼロです。

管理する側の上司は必要不可欠と思っているのかもしれませんが、実際にはあまり効果がなく、形骸化した習慣になっていることが珍しくありません。

会社や上司が週報を評価するのであれば、その作成に1時間とか2時間を費やしてもいいでしょうが、提出することが目的なのであれば、コピペなどを多用して5分で終らせる必要があります。

これが仕事を「減らす」ことにつながります。

初速が遅れてしまう原因の一つは、**自分が「良かれ」と思ってやっていた作業が、実はムダだった**……ということがよく起こるからです。

「社内の常識は非常識」というケースは意外にたくさんあります。

仕事というのは、常に「チェックの目」を持っていないと、次々と増えてしまう性質を持っていますから、気がついたら「残業沼」にはまり込んで、自宅に持ち帰って作業を続ける……という状態が、すぐにでき上がってしまいます。

私の会社では、仕事の効率を高めるために、**「社内会議」を禁止**しています。

17万3000人にアンケート調査によって、現代のビジネスパーソンは1週間の労働時間の実に43%を社内会議に費やしています（図5参照）。

週休3日制、1週間30時間の労働時間で働いていますから、社内会議に多くの時間を使ってしまうと、実作業に当てる時間が大幅に減ってしまいます。
「社内会議はあって当然」と思い込んでいる人も多いと思いますが、実際にはメールやチャットを使えば不都合はありません。

初速を上げるというと、作業を早く進めることばかりに目が向きがちですが、自分が抱えている仕事を冷静に見つめ直して、**「やめる覚悟」と「手放す勇気」を持つことが大切**です。

仕事を効率的に進めるためには、**「引き算」が圧倒的な効果を発揮**します。
「この仕事はゼロにできないか？」という視点を持って、ムダな仕事は可能な限り減らし

図5 働く人の1週間の時間配分比率

これが1週間の時間の使い方！

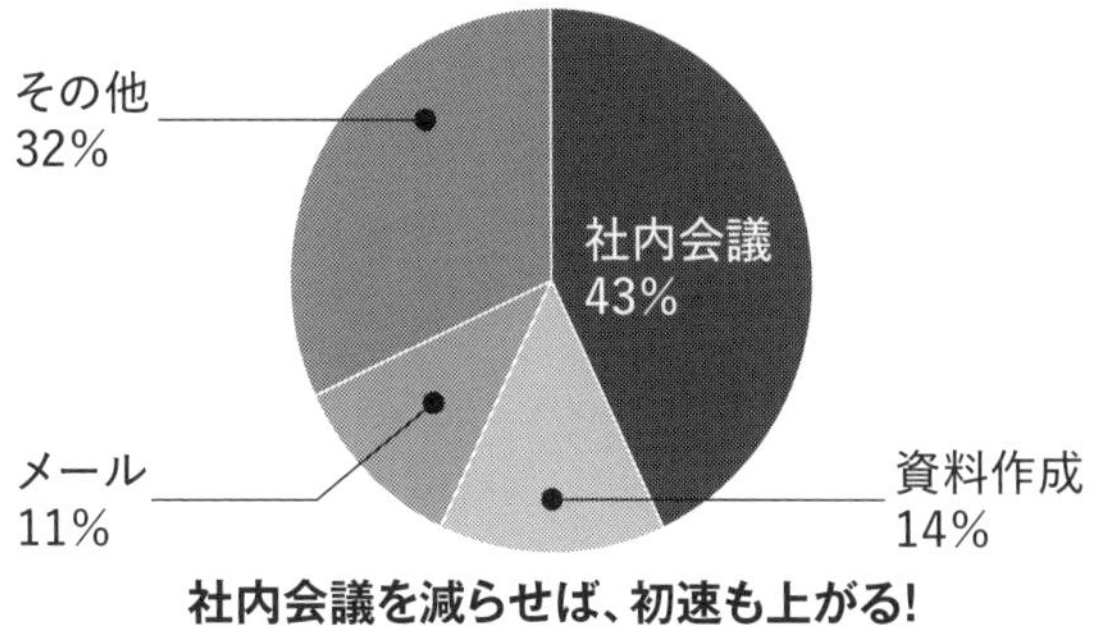

社内会議を減らせば、初速も上がる！

ていく工夫を続けることが、初速を早めることになります。

準備 ①-2 金曜日の午後3時に15分だけ「振り返り」の時間を作る

私の会社では、クライアント企業に対して、「**毎週金曜日の午後3時から、15分だけ1週間の振り返りの時間を作る**」ことを推奨しています。

スマホのカレンダーやスケジュール帳に予定として組み入れ、その時間が来たら、作業を中断して、コーヒーでも飲みながら1週間の仕事を冷静に見つめ直してもらっています。

「今週も会議が多かったな」とか、「提案資料が通らなかったな」など、その週の仕事に関するものなら、どんなことでもいいと思います。

たった15分のことですが、これを実施した結果を追跡調査すると、「**ムダ」と気づいた仕事の13%を実際にやめられた**ことがわかりました。

わずかな数字と思うかもしれませんが、1週間の労働時間が37・5時間としたら、13％は約4時間に相当します。

年間50週以上はあるので、ムダな仕事をやめたら、1年で200時間も削減できることになり、**丸々1カ月分の時間を取り戻すことができます。**

その1カ月分の時間があれば、もっと多くのタスクを手がけられ、休むこともできますから、今よりも身軽な状態を作り出すことが可能になります。

「時間をかけてパワポで派手な資料を作ったけど、本当に効果があったのかな?」

「会議のための打ち合わせは、絶対に必要だったのだろうか?」

日常の仕事に関する問題点は、振り返ることによって、初めて浮き彫りになります。

あえて先に振り返りの時間を作っておけば、その時点での修正点が明らかになりますから、ムダを省けるだけでなく、道に迷うことがなくなります。

1週間を振り返ることによって、ムダな時間を見つけ出し、それを自分のスキルアップの時間として使えば、新たな可能性を切り開くことができます。

・繰り返しの作業をしないための仕組みを考える
・身につけておきたい思考法を勉強する
・新たなＩＴツールにチャレンジする

毎週末のわずか15分のことですから、あらかじめスケジュールに入れておけば、無理なく実践できるテクニックだと思います。

準備①-3 「社内会議」「資料作成」「メール」は、振り返らないと改善が難しい

頑張って仕事をしている人ほど、振り返りは苦痛に感じるかもしれません。

私も含めて、自分のやっていることが間違っているとは思いたくなく、**逆に自分を褒めてあげたい気持ちの方が強い**かもしれません。

その思いは最前線で働いている人であれば、誰にでも共通してあると思いますが、

65ページの図5で示したように、「社内会議」、「資料作成」、「メール」という仕事の約7割を占める3大タスクは、振り返って冷静に見つめ直してみないと、上手く機能しているのかどうか、判断することができません。

振り返ることを習慣にしてしまえば、苦痛よりも、その効果の大きさの方を実感できるようになり、身軽な状態を作り出すことができます。

ここで大事なのは、1週間を振り返ることによって、「自分は今まで、こんなムダなことを繰り返してきたのか……」と自己否定に走るのではなく、**「これをやめれば、こんなことができるな」と自己効力感を高めて、ポジティブに捉える**ことです。

仕事のムダを見つけ出すことは、自分の失敗を探すことが目的ではありません。働き方の改善点を発見して、それをスキルアップに活用し、仕事の幅を広げることが目的ですから、ネガティブな気持ちになる必要はありません。

「間違い探しゲーム」に挑むくらいの感覚で、前向きに続けることが大切です。

この「15分」という時間設定は、何度も実証実験を繰り返した結果、最も再現性が

高かったことから得られたものです。

5分や10分では、スケジュールに組み込んでも時間が短すぎて見落としてしまうことが多く、30分や1時間では他のタスクの時間を圧迫してしまうため、現実的に継続が難しくなります。

スケジュール的にも、しっかりと振り返るという点でも、15分が適切という判断によるものです。

理想をいえば、毎日の仕事終わりに、その一日を振り返る習慣が持てれば効果が高くなりますが、それもまた大変な苦痛を伴います。

毎週金曜日の午後3時から15分だけその週を振り返ることが、無理なく続けられる時間設定だと思います。

準備 ①-4 「サザエさん現象」を解消して、月曜日の初速を上げる

この習慣を身につけると、漠然とした不安を解消して気持ちが軽くなるだけでなく、翌週の動き出しを早めることができます。

日曜日の夕方になると、翌週の月曜日が憂鬱に感じる「サザエさん現象」は、ビジネスパーソンの実に6割が経験しているといわれますが、その原因は、**月曜日にやるべき仕事が明確になっていないため、漠然とした不安に襲われるケース**がほとんどです。

夕方放送のＴＶアニメ『サザエさん』を観るから憂鬱になるのではなく、休日が終わることが寂しいのでもありません。

明日の仕事が明確化されていないから、それが心配や不安の原因となって、気持ちが重く沈んでしまうのです。

その心理を山登りに例えるならば、登るべき山はハッキリと見えているけれども、どのルートからどんな方法でアプローチすればいいのか、その登り方がわかっていない状況に似ています。

きっと大変だろうな、疲れるのかな、寒いのかな……と想像しただけで鬱々とした気分になり、会社に行くのが面倒臭くなってしまうのです。

金曜日の午後3時に15分だけ振り返りをしておけば、「今週はこの部分が進まなかったから、来週はここから手をつけ始めよう」とか、「この二つの改善点を先にやっておく必要があるな」など、**月曜日の動き出しを鮮明にイメージする**ことができます。

金曜日の段階で「旅のしおり」を作って、「何時までに何合目まで登るか?」というスケジュールができていれば、週明け月曜日の初速が早くなります。

こうした仕組みを作っておけば、不安なく休日を楽しむこともできるのです。

【準備②】「心理的ハードル」を下げる

準備 ②-1

目標を小さく設定すれば、動き出しが早くなる

初速を上げるためには、「心理的ハードル」を下げることが大切です。

成果を求めるあまり、必要以上に大きな目標を掲げてしまうと、**気後れして、動き出しが鈍くなります。**

そうなると、動き始めることを、ためらう気持ちも芽生えてきます。

山登りの経験のない人が、いきなり「明日、エベレストにアタックしよう！」と考えるのは、あまりにも無謀な発想です。

最初の一歩が踏み出せないどころか、最悪の場合は、命を落とす危険性があります。

本気でエベレストに挑みたいならば、まずは東京の高尾山（標高599m）あたりに登って経験を積み、長野・岐阜の槍ヶ岳（標高3180m）や富山の剣岳（標高2999m）など、難易度の高い山に徐々にチャレンジしてから、最終目標としてエベレスト（標高8849m）に挑む……というのが正しいプロセスです。

最初からエベレストを目指すのではなく、まずは高尾山をターゲットにすれば、心理的ハードルが下がって、動き出しが早くなります。

仕事の動き出しが遅くなるのは、主に次のような三つの感情が原因となります。それが心理的ハードルとなって、初速を遅らせています。

【①苦手意識】自分の得意な分野ではない
【②不安】自分のスキルでは難しいかもしれない
【③やる気不足】得意な分野だが、あまりやりたくない

こうした感情が起こるのは、**ゴールの「到達点」ばかりに目を向けている**ことに理由があります。

最初からエベレストの山頂をイメージしたのでは、その大変さに気圧されて不安になったり、怖気《おじけ》づいたりするのは当然のことです。

こうした心理的ハードルを下げるためには、「小さな目標」から始めて、徐々にレベルを上げていくことが、目標を達成するための有効な手段となります。

自分が到達したい目標を設定したら、そこにたどり着くまでのルートをいくつかの段階に区切り、これから進むべきステップを明確化することが大切です。

その最初の入口が、第一段階で取り組むべき「**小さな目標**」となります。

まずは小さな目標の達成を目指して仕事をスタートさせれば、次のような展開を作り出すことができます。

①心理的ハードルが下がる

←

②前向きな気持ちで仕事に向き合える
←③すぐに仕事を始める気持ちになれる
←④初速が早くなり、早く成果にたどり着ける
←⑤成功体験によって、自信が生まれる
←⑥自信を持って、次のタスクに早く取り組める

成果を出し続けるためには、こうした好循環を作り出すことが大切です。

目標を小さく設定して、心理的ハードルを下げることが、その地盤を固めるための第一歩となります。

準備
②-2

気分が乗らない仕事は「ポジ変」して作業を始める

苦手な作業をするとか、出来の悪い後輩の指導をするなど、あまりやる気が起こらないタスクは日常的にたくさんあります。

私の経験でいえば、**仕事の7～8割は「やらなければいけない仕事」と「嫌々やる仕事」が占めている**ように思います。

どんな仕事であっても、それをやる必要があるのであれば、逃げ回ることも、避け通すこともできません。

どうせやるのであれば、心理的ハードルを下げて早めにスタートを切り、早めに終わらせる方が、**精神的にも肉体的にも早く楽になる**ことができます。

成果を出し続けている人たちは、ゲーム感覚で「**ポジ変**」と呼んでいますが、自分が望ましいと思えるような目標を設定して、そこに向かって嫌な仕事を進めるという習慣を持っています。

ポジティブな方向に考え方を変換するから、「ポジ変」なのです。

苦手な作業をするならば、苦手を克服する絶好のチャンスだから、これを機会にスキルアップを図ろう……と前向きに考えます。

出来の悪い後輩の指導をする場合には、後輩を優秀なビジネスマンに育て上げて、自分が困ったときにサポートしてくれるような強力なパートナーに育て上げよう……と近未来の姿を肯定的にイメージしています。

それがモチベーションとなって、早く動き出すことができるのです。

準備②-3 脳をダマして初速を上げるための「口グセ」を持つ

「ポジ変」と同じように、成果を出し続けている人は、自分の脳ミソをダマすための「口グセ」を持っており、それを上手に活用して心理的ハードルを下げています。

人間の脳には、**自分が口にした言葉を、自分のことと認識する性質がある**といわれています。

人に対して、「あなたは優秀ですね」と言えば、脳は自分のことを優秀だと認識し、「お前はバカだ」と言えば、自分をバカだと認識してしまうのです。

追跡調査によって、彼らは脳の性質を巧みに使っていることがわかってきました。

仕事ができる人は、自分が苦手なタスクを始める前に、それが終わった後をイメージして、**「あぁー、終わった。楽しかったな」**と声に出して言ったりします。

難しいタスクに挑む際には、**「できたな。意外にできるもんだね」**という言葉を発することもあります。

リモートであれば何も問題はありませんが、周囲にチームのメンバーがいる場合は、あくまでも小声で言っているそうです。

これはすべて自分の脳をダマすための言葉で、「無事に終わったな」と口に出すと、脳内に報酬系のホルモン「ドーパミン」が出やすくなり、その働きによって脳が活性化されて、動き出しが早くなるといわれています。

脳をダマす情報は、視覚が7割で、聴覚が3割と考えられており、自分の願望などをメモに書くと実現しやすいといわれるのは、目から脳をダマしているのです。

タイプの異なる口グセとしては、自分が得意ではない作業をする際には、ため息まじりで、**「苦手なExcel作業でもやるかなぁ」**と口に出してみることです。

「苦手なことをやる」と言えば、周囲の人が「大丈夫ですか？」とか、「やりましょうか？」と声をかけてくれて、**運がよければ誰かがサポートしてくれる**のです。

この調査を進めている際、「マイクロソフト時代にも、そういうタイプの人が確かにいたな」と思い出したのですが、周囲に聞こえるように少しくらい大きな声で言っても、ため息まじりに話すから、あまり不自然には感じなかったように思います。

「えっ、やってくれるの？」という展開になったら、「お礼にあなたのその仕事をやってあげるね」という話になって、仕事の交換が成立します。

お互いが得意な仕事をやることで、仕事の効率を上げることができます。

チームのメンバーを巻き込んでWin-Winの関係を作ることも、初速を上げるための有効な作戦の一つです。

あまり頻繁にやると、周囲から「またかよ」と思われますが、意外に再現性は高いように思います。

【準備③】「優先順位」を決める

準備
③-1

「緊急度」だけにふり回されず、「重要度」が高い仕事を優先する

仕事は「緊急度」と「重要度」によって、次のような四つのカテゴリーに分類することができます。

①緊急度が高くて、重要度も高い仕事
②緊急度は低いが、重要度が高い仕事
③緊急度が高くて、重要度が低い仕事

④緊急度が低くて、重要度も低い仕事

現代のビジネスでは、基本中の基本となる分類ですが、問題は「どれを優先させるか？」にあります。

最初の段階で、そのプライオリティ（優先順位）を明確にしておくことが、仕事を効率的に進めることに役立ちます。

この4分類の中で、考えるまでもなく明白なポイントは次の二つです。

- **①の「緊急度が高くて、重要度も高い仕事」を最優先する**
- **④の「緊急度が低くて、重要度も低い仕事」は、急いでやらなくていい**

①がプライオリティの最上位にあり、④が最下位にあることは誰でも知っていますが、問題となるのは、②と③の取り組み方です。

会社組織に属していると、経費の精算や議事録の作成など、③の「緊急度が高くて、重要度が低い仕事」が山のようにあり、それに追いまくられて、忙しい毎日を余儀なくされているのが現実です。

緊急度ばかりが高くて重要度が低い仕事は、いくら頑張っても成果に結びつくことはありません。

その忙しさによって、「作業充実感」は得られますが、それが成果につながることはなく、インパクトを残せない状態が延々と続くことになります。

こうした働き方の一番の問題点は、**②「緊急度は低いが、重要度が高い仕事」が後回しになる**ことです。

緊急度の高い仕事に引きずられてしまうと、重要度の高い仕事に手がつけられなくなってしまうのです。

成果を出し続けている人は、②の「緊急度は低くても、重要度の高い仕事」に時間をかけて、そこに全精力を注ぎ込むことで成果を上げています。

最初に、重要度の高いタスクを選び出して、①→②→③→④の順番で手をつけることを基本にしています(図6参照)。

彼らは、「作業充実感」ではなく、「**目標達成感**」を得ることを目指しており、目標を達成することによってモチベーションを高め、変速ギアを一段アップさせて次のタスクを始めているのです。

大事なポイントは、重要度の高い仕事を最優先で進めて、**それ以外の仕事を後回しにしているこ**とです。

緊急度の高さに煽られて、③の仕事から始めるのではなく、重要度の高い仕事の「P」(計画)や「D」(実行)の段取りを組んでから、重

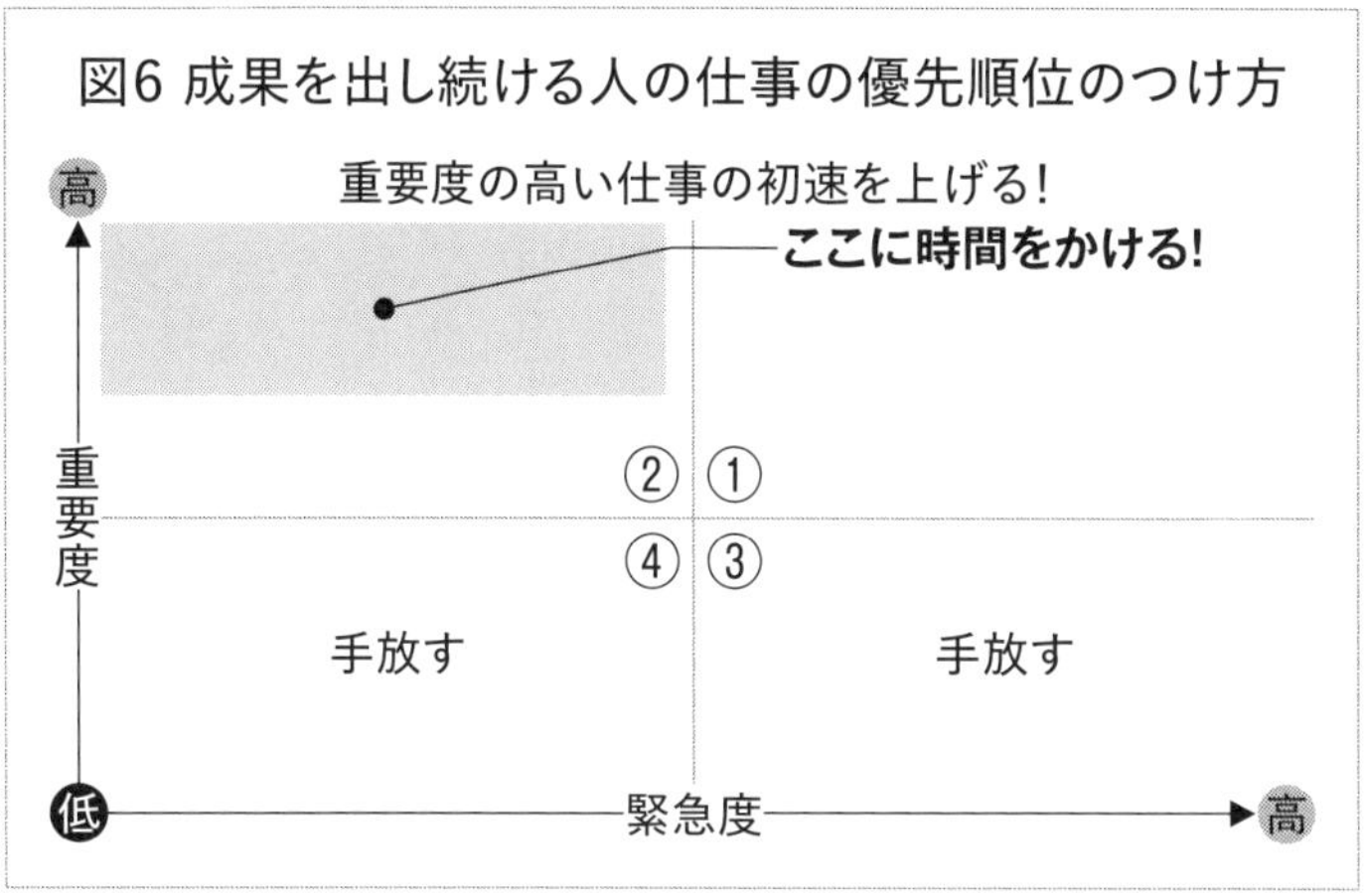

図6 成果を出し続ける人の仕事の優先順位のつけ方

要度の低い仕事を始めます。

彼らは、**重要度の低い仕事を後回しにする「勇気」を持っています。**

優先すべきは、あくまで「重要度の高い仕事」であり、その初速を上げることが、早く成果を出すことに直結するのです。

準備 ③-2 1週間に二つの大目標「ビッグロック」を設定しておく

これは私が実践していることですが、1週間に二つの目標を設定して、その週に何があっても、それだけは絶対にやり遂げる……ことを習慣にしています。

目標とするのは、**その週で最も重要度が高い二つのタスク**で、私はこれを「ビッグロック」（大きな岩）と呼んで優先順位の上位に設定しています。

先にお伝えした仕事の緊急度と重要度の関係でいえば、①「緊急度が高くて、重要度が高い仕事」と、②「緊急度は低いが、重要度が高い仕事」を一つずつビッグロック入れるようにしています。
ビッグロックといっても、数十億円の大型案件というようなものではなく、原稿の締め切りがあるとか、大学生向けの教育プログラムを作成するなど、期限が決められていて、重要度の高いタスクの1位と2位がそれに該当します。

この二つのタスクだけは常に意識していて、自分のコップ（キャパシティ）からあふれ出さないように、**「何があっても確実にやる」**と決めています。

その他の細かいタスクを先にやってしまうと、コップの中が小さい砂で埋まってしまって、大きな岩が入らなくなります（図7参照）。

図7 重要な仕事を先送りしないための考え方

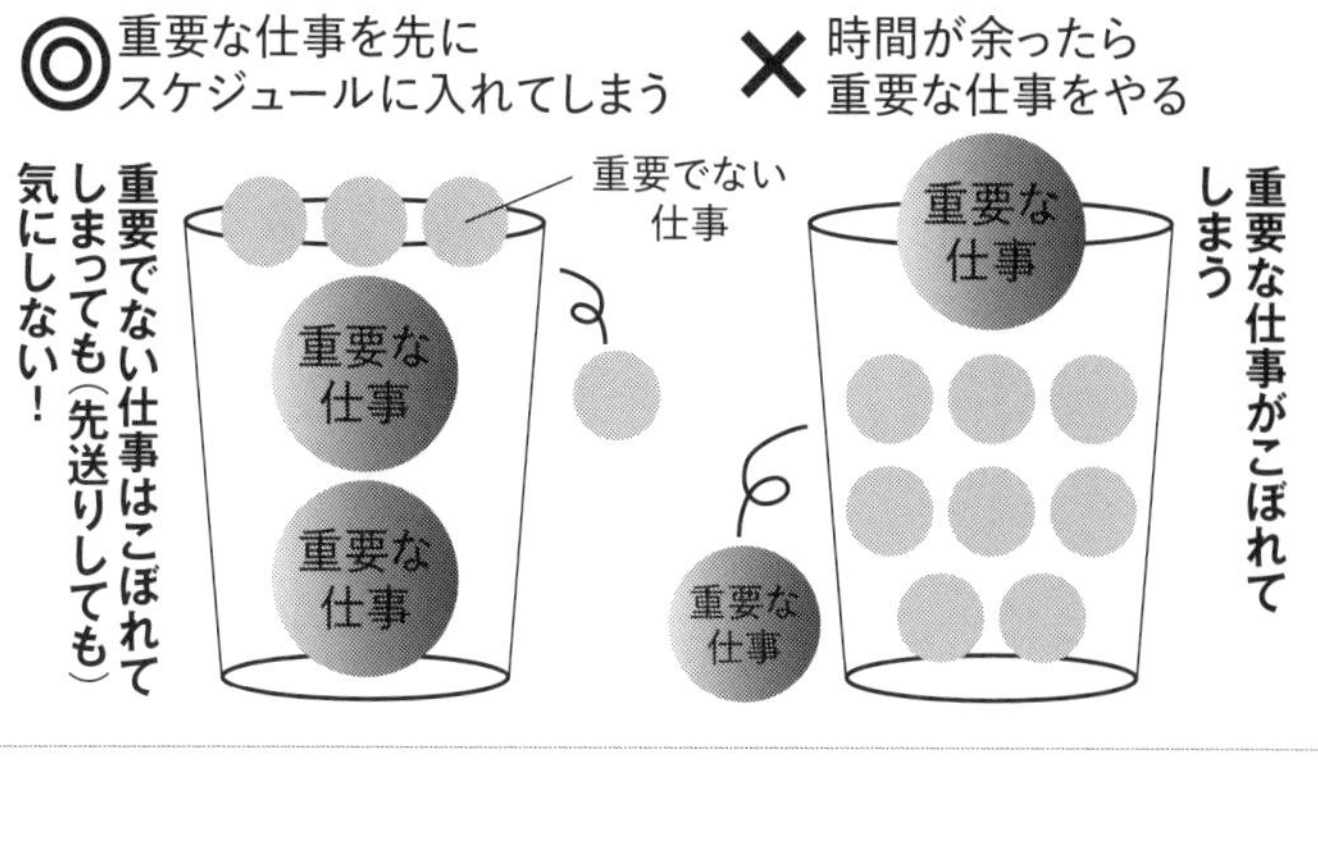
◎重要な仕事を先に
スケジュールに入れてしまう
×時間が余ったら
重要な仕事をやる
重要でない仕事
重要な仕事
重要な仕事
重要でない仕事はこぼれてしまっても（先送りしても）気にしない！
重要な仕事
重要な仕事
重要な仕事がこぼれてしまう

エネルギー的にも、時間的にも、ビッグロックを先に入れて、後から小さな砂や砂利を入れていくと、すべてがきれいに収まります。

コップの大きさは変えられませんから、その入れ方を工夫するということです。

重要度の高い仕事を先にコップに入れて、後から重要度の低い仕事を入れることによって、「やめる勇気」を持つことができます。

まずはビッグロックを最優先で進めて、その他のタスクは、後で対応を考えればいいだけのことです。

結果的には重要度の高い仕事を早く始めることができますから、重要度の高い仕事が期限を過ぎてしまう心配もなくなるのです。

準備 ③-3 成果を出し続ける人は「ローリスク・ローリターン」戦略

仕事の優先順位は、「緊急度」と「重要度」という基準だけでなく、「リスク」と「リターン」との兼ね合いで判断することも大切です。

リスクとは、仕事の難しさや失敗する可能性を意味しており、リターンはその仕事によって得られる成果の大きさを指しています。

リスクとリターンの関係には、次の四つのパターンがあります。

①ハイリスク・ハイリターン
②ハイリスク・ローリターン
③ローリスク・ハイリターン
④ローリスク・ローリターン

成果を出し続けている人は、どのパターンを優先していると思いますか？

多くの人が、①の「ハイリスク・ハイリターン」か、③の「ローリスク・ハイリターン」をイメージするのではないでしょうか？

重要度を優先するのと同じく、「ハイリターン重視」に違いないと思うかもしれませんが、彼らは**④の「ローリスク・ローリターン」を最優先**しています。

トップクラスの成績を出しているビジネスパーソンを対象とした個別ヒアリング調査によって、その考え方には三つの理由があることがわかっています。

【理由①】
「ハイリスク・ハイリターン」を目指すと、動き出しが遅くなる

大きな成果や大成功を目指すと、時間がかかって、他の仕事まで手が回らなくなるだけでなく、**慎重に進める必要があるため、一歩目の動き出しが遅くなります。**

彼らは、大きな危険を覚悟して大成功を目指すような大バクチは、最初から度外視して考えています。

【理由②】
「ローリスク・ハイリターン」を探し始めるとドロ沼にハマる

一般のビジネスパーソン約1万2000人を対象としたアンケート調査によると、約70%の人が「ローリスク・ハイリターンを目指す」と回答していますが、それはあくまで個人的な願望であり、理想の話だと思います。

現実的には、**リスクが低くてリターンが大きい案件など滅多に存在しません。**

「ＩＴツールを導入したら、生産性が爆上がりした」とか、「制度を変えたら、働き方改革が爆速した」という大ラッキーが存在しないのと同じように、ローリスク・ハイリターンは、ビジネスパーソンの「見果てぬ夢」と考える必要があります。

それを目指したところで、巡り合う確率はほとんどなく、運よく出会って「まぐれ当たり」の特大ホームランを打ったとしても、継続して成果を出し続けることはできませんから、「一発屋」で終わることが多くなります。

成果を出し続けている人たちは、「ローリスク・ハイリターンを探す旅に出ると、時間を浪費するだけで、戻って来られなくなる」と話しています。

【理由③】

「ローリスク・ローリターン」を目指せば行動実験が可能になる

トップクラスの人たちが「ローリスク・ローリターン」戦略をとる理由は、次のような二つのポイントに集約されます。

・ローリスクであれば、失敗が怖くないので、初動が早くなる
・リスクが低いため、小さな行動実験を積み重ねていくことが可能になる

彼らは最初から大成功を目指しておらず、行動実験を継続することで、学びを積み重ねていくことで成功が手に入ると考えています。

「ローリスク・ローリターン」を目指せば、失敗しても成功しても学びがあるので、その学びを次の行動に活かすことができます。

成果を出し続けている人たちは強靭《きょうじん》な「行動継続力」を持っていますから、一度やると決めたことは、ずっとやり続ける覚悟ができているため、**ローリターンを積み重ねることによって大きな成果にまとめ上げている**のです。

頑張っても成果が出せない人の多くは、成功を目指してハイリターンを狙うため、慎重になり、臆病になって、どうしても初速が遅くなっています。

大成功ばかりを目指していると、失敗した途端に気持ちが挫《くじ》けるだけでなく、自己否定に走って行動の足を止めてしまいがちです。

「良かれと思って、ローリスク・ハイリターンを目指す」↓「良かれと思って、大成功を目指す」↓「良かれと思って挫折する」……という悪循環を繰り返しているのです。

私の会社が実施した行動実験の追跡調査によって、興味深い結果が出ています。一般のビジネスパーソンに、「ローリスク・ローリターン」を目指す小さな行動実験の積み重ねを実践してもらったところ、実に**89％の人が「成果が出やすくなった」と回答している**のです。

この結果は、「ローリスク・ローリターン」戦略を継続すれば、その効果は決して「ロー」ではないことを物語っています。

ハイリターンばかりに目を向けるのではなく、まずは成果を出すことを最優先する必要があります。

準備

③-4

「自分でやる仕事」「人に任せる仕事」「やらない仕事」を見極める

現代のビジネスは、「個人戦」ではなく「チーム戦」ですから、自分ひとりで仕事を抱え込んでしまうと、初速が遅くなるだけでなく、すべての仕事が遅くなることで、たくさんの成果を出すことが難しくなります。

大事なポイントは、仕事を次の三つのカテゴリーに分けて考えることです。

①自分がやるべき仕事
②人に任せる（頼める）仕事
③今はやらなくていい仕事

すでにお伝えした通り、自分がやるべき仕事は、「重要度」を判断基準として見極めることが大切です。

重要度の高い仕事に時間を費やす方が、重要度の低い仕事に時間を使うよりも何倍も効果があるだけでなく、重要度の低い仕事に時間を取られてしまうと、重要な仕事まで手が回らなくなります。

逆の見方をすれば、これは**重要度の低い仕事をやめる「チャンス」**と考えることができます。

重要度の高い企画書の作成を優先させると、重要度の低い週報を書く時間がない……という状況であれば、週報をコンパクトにする絶好のチャンスです。

これまで疑問にも思わなかった仕事を、改めて客観視する機会が作れますから、その優先順位が明らかになり、ムダを削ぎ落としてスリム化することができます。

こうした見極めをすることで、**集中すべきところに適正にエネルギーを注ぎ込む**という、本来あるべき働き方を手に入れることができるのです。

自分で重要度が低いと認識しているのであれば、それは早く終わろうが、時間がかかろうが、どうやっても成果に結びつくことは期待できませんから、「今はやらなくていい仕事」と判断することができます。

細かい仕事とか、別に今やらなくてもいい仕事は、チームの誰かに頼んだり、後回しにすることで、**悩んだり、相談したり、調整したりする時間をカットする**ことができます。

こうした判断が、重要度の高い仕事を始めるための環境整備になります。

重要度を見極める際は、**「ゴールをどこに置くか？」**という視点を忘れないことも大事なポイントです。

上司が週報を重視しており、社内の評価を高めて出世したいのであれば、自分が重要と考える企画書よりも、週報を優先させることになります。

社内の評価よりも、市場で評価されたいと考えるのであれば、週報よりも企画書に時間とエネルギーを集中させる必要があります。

自分の目的によって、手段を変えるという柔軟性を持つことが大切です。

【準備④】「段取り」を整える

準備④-1 タスクを「小分け」にして、スキマ時間を有効活用する

タスクを始める前に、まずは「段取り」を整えることが大事な作業となります。ゴールまでのプロセスを想定して、そのルートを大枠で把握したら、それをステップごとに「小分け」にすることがポイントです。

これを「**チャンク化の原則**」といいます。

チャンク化の原則とは、大きなタスクやプロジェクトを小さな部分（チャンク）に

分解して処理するという方法です。

チャンク化された小さなタスクが完成するごとに、達成感を感じることで、モチベーションが維持されます。

タスクが小さなチャンクに分かれていると、チーム内のコミュニケーションもしやすくなります。

各メンバーが何に取り組んでいるのかが明確になるため、進捗の確認や問題点の共有を効率的に行うことができます。

報告書を作る場合であれば、「検索して情報を集める」→「ヒアリングする」→「叩き台を作る」→「上司のチェックを受ける」→「修正する」というステップを書き出しておくことで、**「五つの作業をすればいいんだな」**ということがわかります。

ステップが明確になると、作業が始めやすくなり、「検索に15分」→「資料作成に45分」……など、時間の算段をすることもできます。

最初の段階でタスクを小分け（チャンク化）しておくと、作業の進捗状況が「見える化」して、各タスクの完了ごとに達成感を感じやすくなります。

どこでも作業することが可能になるため、移動中の電車の中でも、無理なく作業を始めることができます。

会議と会議の間などの「スキマ時間」をムダにせず、ほんの短い時間でも有効活用することが可能になります。

やるべきことを細分化しておかないと、電車の中ではソーシャルゲームに没頭することになり、スキマ時間をボンヤリと過ごしてしまいます。

働く時間は限られていますから、できるだけムダな時間を作らないことが、効率よく仕事をするためには重要です。

この「小分け↓やるべきことを明確化」という考え方は、**情報をインプットする際にも役立ちます。**

私は1週間に7冊の本を読むことを習慣にしていますが、最近ではオーディオブックを聴くことが多くなっており、この「小分け↓やるべきことを明確化」作戦を応用することで、インプットできる情報量が格段に増えています。

自分が必要とする情報に関するオーディオブックを細かくピックアップしておいて、**事前にダウンロードを済ませて準備を整えておきます**。イヤホンをポケットに入れて飛行機や電車に乗り込み、ワンタッチでスタートする状態を作っておけば、無理なく聴くことができます。

それを1・5倍のスピードで再生することで、より多くの情報が得られる仕組みを作っています。

仕事を早く始めて、早く成果にたどり着くためには、やるべきことを先に準備して整えておくことを習慣化すれば、無理なく効率を高めることができます。

準備④-2 「効率よく仕事ができる場所はどこか？」という視点を持つ

仕事の段取りを整えるというと、プロセスや進め方ばかりに目が向きがちですが、

「どこで仕事をするか？」を想定して、事前に作業環境を準備しておくことも、大事な段取りの一つです。

コロナ禍が始まって以降、リモートワークが定着した企業も増えており、「ワーケーション」が注目されるだけでなく、在宅ワークの孤独感が問題になるなど、最近は作業環境に対する関心が高まっています。

ワーケーションとは、英語の「ワーク」（仕事）と「バーケーション」（休暇）を組み合わせた造語で、リゾート地や地方など、普段の職場とは異なる場所で働きながら休暇を取ることや、仕事と休暇を組み合わせて旅先で仕事をすることを指します。

米国・マイアミ大学のアーロン・ヘラー教授らの研究によると、**人間の脳は「多様性や新規性のある移動」を検知すると、脳内の報酬系ホルモンを刺激して、喜びや幸福感を生み出す**ことが明らかになっています。

さまざまな異なる場所に移動して仕事をすると、脳が刺激されて、パフォーマンスがアップするというのです。

場所を移動して仕事するのと、同じ場所で仕事するのでは、場所を変えて仕事をした方がモチベーションが上がったという実験データもあるため、私の会社でも、クライアント企業に対して、決められた一カ所ではなく、さまざまな場所で仕事をすることを推奨しています。

気分転換は仕事からの逃亡ではなく、効率化を図るための大事な環境整備と考える必要があるのです。

最近は、福利厚生の一環として、「コワーキングスペース」(異なる職種の利用者が設備やネットワークをシェアして仕事をする場所)などと契約する企業も増えています。

お子さんがいたり、ご夫婦がどちらもオンライン会議をする場合は、同じ部屋では不都合がありますから、首都圏ではこうした動きがさらに強まることが予想されます。

私の場合も、自宅より他の場所で仕事をした方が圧倒的にスピードが早くなりますから、常に「どこで仕事をするか？」を意識しています。

このタスクをやるのに、適切な場所はどこか？ 最初の段階で自分の働き方に合った場所を考えてみることも、仕事の効率化に役立ちます。

準備④-3 早い段階で上司を巻き込み、完成イメージを一緒にしておく

いくら初速を上げて動き出しても、上司の判断次第では、差し戻しになってしまうことがあります。

タスクに取りかかる前の段階で、早めに上司の判断を仰ぎ、完成イメージの統一を図っておくことも大事な段取りの一つとなります。

上司によっては、「**いちいち細かく報告しなくていい**」とか、「**そんなことはこちらに聞かずに、自分の頭で考えてくれ**」というタイプもいます。

自分の上司がこうしたタイプの場合は、「良い面」と「悪い面」があることを理解し

た上で、できるだけ早く接触しておくことが大切です。

【良い面】

面倒なチェックがなく、自分のやり方で仕事が進められる

「細かく報告しなくていい」ということは、「すべて任せた」ということですから、面倒なチェックを受ける必要がなく、その説明に時間を取られる心配もありません。その分だけ**プレッシャーは高まりますが、気持ち的には楽になります。**

現代のビジネスパーソンには、過剰と思えるほど上司に気を遣う人が多いですから、自分のやり方で仕事を進められることは大きなメリットといえます。

【悪い面】

しっかり「言質」を取っておかないと、後で考えがブレる

「自分の頭で考えろ」というタイプの上司に限って、**時間が経つと考えがブレ始める傾向**があります。

極端な場合は、「この報告書は簡潔に1枚でまとめてくれ」という依頼が、「やっぱり2枚で頼む」、「いや、3枚がいいな」と何の説明もないままボリュームだけが増えていって、そのたびに修正に追われることもあります。

こんなタイプの上司には、「1分だけ、時間よろしいですか？」と強引に時間を作り、「確認ですが、この報告書は1枚ですよね？ 1枚でいいんですよね」と言質を取って、**きっちりとダメ押しをしておくことが大切**です。

昔ながらの上司に多いパターンですから、しっかりと言質を取ってダメ押しをしておけば、後で「やっぱり変更してくれ」とは言い出しにくくなります。

自分の経験や感覚を押し付けて、**マウントを取りたがる上司**も少なからずいます。

初速を上げて早く成果を出すためには、多少は嫌がられることがあっても、早い段階で相手を巻き込み、完成イメージを統一しておくことが重要です。

【準備⑤】
「仮説」を立てる

準備 ⑤-1

仮説を立てずに仕事をすると、ムダな作業が多くなる

変化が激しく、先行きが不透明な現代のビジネスでは、問題点を素早く見極め、大局を読みながらタスクを進めていくことが大切です。

そのためには、迅速に仮説を立てて、「**仮説**→**検証**→**仮説**→**検証**」のサイクルを早めていくことで精度が高まり、結果的に作業時間の効率化につながります。

仮説を立てずに作業をするのは、思考停止の状態で手だけを動かしているような

ものです。

何も考えずに作業を始めてしまうと、作業興奮によって「作業すること」が目的になってしまい、**本来の目的を見失う**ことになります。

カラー刷りの派手な会議資料を作ったり、グラフを多用して膨大なレポートを作成するなど、ムダな作業に走ってしまうのは、そんな状況のときがほとんどです。

作業興奮の「沼」にハマり込まないようにするためには、「考えてから動く」→「考えながら動く」ことが大切です。

自分の思考を軸に行動することを、私は「**考動**」と呼んでいます。

正しく考動するためには、その土台となる仮説の設定が不可欠であり、結果的に時間の浪費を防ぐことができるのです。

私の会社で実施したオンライン実験（計184社3400人が参加）によって、ネットで情報収集する場合でも、仮説の設定が有効であることが明らかになっています。

この実験は、企業研修の一環として、ワークショップ形式で実施したもので、参加者を一組5人以内の2チームに分けて、検索の精度と速度を測定しました。

「疑問点を話し合い、仮説を立ててから情報収集を始める」チームと、「すぐに情報収集を始める」チームに分かれて、「アイスランドは、経済危機でどんな対策を取ったか？」とか、「グーグルのスマートフォンは、どうすれば iPhone に勝てるか？」などのお題を検索してもらったのです。

その結果、**仮説を立てて検索したチームの方が、平均で1・23倍も早く本質にたどり着く**ことができました。

お題によっては、達成確率に2・5倍の違いが出ています。

仮説を立てたチームの方が、**検索時間も短かい**ことがわかりました。

限られた時間で本質的な情報を集めるためには、仮説を立てて検索した方が、圧倒的に効率がいいのです。

準備 ⑤-2

5人一組の「チーム戦」で検索の効率を高める

人間には誰でもバイアス（思考の偏り）や固定観念、先入観があるため、仮説を立てずに検索を始めると、どうしても自分の思い込みに向かって走りがちです。

それを回避する方法としては、自分の思い込みをベースに仮説を立てて、それを**「覆《くつがえ》すような検索」**をすると効果があります。

それを覆せなければ、仮説が正しいことになり、覆せたならば、仮説が間違っていることがわかります。

思い込みがあることを前提にして、それを逆手に取った方法ですから、いわば**「逆転の検索術」**といえます。

情報の検索は、一人でやるよりも、**チームで一丸となってやった方が、考え方に多様性が出るため、疑問を出し合うことによって仮説を作りやすくなります。**

男性と女性、ベテランと若手など、属性の異なる人たちで検索すれば、多様性はさらに広がります。

理想的なのは、5人でグループを作り、**2人が仮説を立て、3人が検索する**など、役割分担を決めて「仮説→検証→仮説→検証」を繰り返すことです。

多様性を維持しながら、それぞれの作業に集中することができますから、作業効率は格段にアップします。

グループの人数が6人を超えると、「集団バイアス」が働いて、「**私はやらなくても大丈夫だろう」とサボる人**が出てきたりします。

5人で2対3に分かれて作業をすれば、サボることはできませんから、それだけ早く必要な情報にアクセスできるのです。

【準備⑥】「心理的要因」を探る

準備⑥-1 初速が遅くなる原因は「不安」「不明」「不得意」の三つにある

どんなに早く仕事を始めようと思っても、なかなか腰が上がらず、時間ばかりが過ぎてしまうことがあります。

初速が遅くなる原因は、大きく分けて次のような三つが関係しています。

①タスクの進め方に「不安」を感じている

②タスクに関する知識や経験がなく「不明」なことが多い

③タスクが「不得意」な分野に属している

どれか一つでも当てはまると、それだけで動き出しが遅くなり、なかなかモチベーションが上がらないため、場合によっては締め切りを過ぎてしまう……という最悪の結果を招くこともあります。

自分がどんな理由があって動き出せないのか、その原因を冷静に考えてみることも、初速を上げるのに役立ちます。

主な三つの原因について、それぞれの対応策をお伝えします。

【不安の対処法】

「自己効力感」を高めて、一歩目を踏み出す勇気を持つ

仕事に不安は付き物ですが、それをネガティブに考えても意味がありません。

その不安は、「新たな挑戦が始まるぞ!」とか、「一段上にジャンプするぞ!」というチャレンジに対するものですから、**不安な状態にある自分をポジティブに受け入れる**ことが大切です。

新たなタスクに不安を感じる場合は、「不安は誰にでもある」→「不安はあって当然」→「動き出せば、何とかできる」→「その能力が自分にはある」と腹を決め、まずは前を向いて一歩目を踏み出すことです。

大事なのは、自分を信じて「自己効力感」を高めることです。

実際に動き出せば、不安の「正体」が見えてきて、それを解消するための対策を考えることができます。

早く動けば、それだけ早く不安を打ち消すことができます。

どうしても不安が消えなければ、誰かに相談すればいいだけの話です。

「不安」という漢字が否定形の表現のため、どうしてもネガティブに考えがちですが、「不安はチャンスだ」と肯定的に捉える必要があります。

現代のビジネスでは、不安を「**成長余力**」とポジティブに考えて、一歩目を早く踏み出すことが成果につながります。

【不明の対処法】

やり方がわからなければ、すぐに調べる習慣を持つ

仕事を始めるときに、**やり方がわからないとスタートが遅くなります。**

仮にプラモデルを作るというタスクがあるとしたら、私は子供の頃に作った経験がありますから、「説明書を読んで、ニッパーで切って……」という手順が思い浮かぶため、すぐに取りかかることができます。

同じことを私の妻に頼んだとしたら、彼女はプラモデルを作った経験がありませんから、説明書の見方がわからず、作り方もわかりません。

やり方がわからなければ、プラモデルの箱を開けることすら、遅くなってしまいますが、仕事でも同じような現象が起こってしまうのです。

やり方がわからなくて動き出せないのであれば、その方法を誰かに聞いたり、ネットで調べたりすれば、すぐに解決することができます。

プラモデルの作り方など、動画検索して2分くらい見るだけですぐに理解できま

すから、やり方がわからないことで悩む必要はないのです。

やり方がわからなくてモタモタするのは、明らかに時間の浪費です。

「不明」なことがあるならば、すぐに調べる習慣を持つことが大切です。

【不得意の対処法】

割り切ってやり続ければ、心理的なハードルが下がる

不得意な作業や分野というのは、誰にでもあります。

マイクロソフトに勤務していた頃、私は「Excel」の責任者をしていましたが、実は「Excel」を使ったデータ処理が得意ではありませんでした。

あの頃にデータ処理を依頼されたら、不得意な作業ですから、やはり手を付けるのが遅くなっていたと思います。

どんなことでも、**最初から得意な人はいません。**

不得意なことでも、ずっとやり続けていたら、少なくとも苦手ではなくなります

から、それを理解しておけば、心理的なハードルは下げられます。
会社に所属している限りは、不得意なことでも避けて通ることは許されません。
割り切ってやり続けることが、動き出しを早くするためには重要です。

第3章

仕事の初速を上げる26のテクニック

具体的で再現性の高い方法を集めました！

やる気がなくてもすぐやる仕組みの作り方

この章では、明日からすぐに始められる「初速を上げるための実践的なテクニック」にスポットを当てます。

初速を上げげて、仕事を効率的に進めるためには、**やる気に頼らない仕組み**を手に入れて、次のような三つの効果を引き寄せることがポイントです。

①脳の働きを「活性化」させる
②集中力を高めて「継続」させる
③時間とエネルギーの消費を「最適化」する

そのためには、**「脳の働きを引き出す習慣」**と**「適切な休憩を取る習慣」**を身につけることが大事な二本柱となります。

この章でお伝えするテクニックには、再現性の低いものは一つもありません。難しいことをやろうとしても、時間とエネルギーを浪費するだけです。誰でも簡単に取り組むことができるから、すぐに効果を生むことができるのです。

テクニック 01
とりあえず「2分」だけ作業してみる

最初にお伝えするのは、やる気のあるなしに関わらず、まずは「2分だけ仕事をやってみる」という超シンプルで、即効性のあるテクニックです。

仕事が遅くなる一番の原因は、「最初の一歩」を踏み出せないことにあります。

疲れている、眠い、何となく面倒くさい……など、やる気が起こらない理由は人それぞれですが、「たった2分だけ」と考えれば、重い腰を上げやすくなります。「まずは2分だけやってみる」ことを自分のルールにすると、次のような効果が生まれることがわかっています。

- **「ちょっとやってみる」という気軽さが、心理的なハードルを下げてくれる**
- **「作業興奮」が始まって、エンジンがかかりやすくなる**

「仕事を始めなければならない」と考えると気分が重くなりますが、「たった2分」のことであれば、「とりあえず、やってみるかな」という気持ちになります。

わずか2分でも、実際に仕事を始めてしまえば、徐々に作業興奮が始まって、**気分を「仕事モード」に切り替えることができる**のです。

多くのビジネスパーソンが、「モチベーションが上がらなければ、仕事はできない」と考えていますが、それを待っていたのでは、動き出しが遅くなるだけです。

成果を出し続けている人は、自分のやる気を「アテ」にしていません。

とにかく仕事を始める仕組みを作って、作業をスタートさせてしまえば、作業興奮によって、**モチベーションは後からついてくる**ことを理解しています。

そうした考え方が、仕事の初速を早めているのです。

人間の脳は、**「小さな数字」で示されると、「その作業は行動ハードルが低い」とイメージする**ことがわかっています。

「アンケートに答えてください」といわれるよりも、「1分だけアンケートに答えてください」といわれた方が回答率が高まります。

「スポーツジムに行けば、痩せますよ」といわれるよりも、「2カ月だけスポーツジムに通えば、痩せますよ」といわれた方が、行動を起こしやすくなるのです。

どんな作業をする場合でも、「まずは2分だけやってみる」ことを習慣化すれば、無理なく初速を早めることができます。

テクニック

02

朝起きてから9時間以内に終える

マイクロソフトに勤めていたときに、「エグゼクティブ・プログラム」という社内研修が設定されていて、脳の働きとか、血糖値と仕事のパフォーマンスの関係などを勉強したのですが、そこで学んだのが**「人間の脳は、朝起きてから9時間までしかパフォーマンスを高められない」**という脳科学に関する知識です。

脳は脳内の電気信号の司令によって活動していますが、その司令機能は、朝起きてから9時間までが限界といわれています。

朝7時に起床したとすると、脳は夕方4時までしか、活発に働いてくれないのだそうです。

マイクロソフトでは、このエビデンスに基づいて、**「重要な会議を夕方4時以降に開催するのは禁止」**というルールが徹底されています。

脳が活発に働く限界点を知っておくと、仕事の優先順位が自然と決まってきます。企画書や提案書などの重要な作業は、できるだけ脳がフレッシュな状態にある午前中や午後の早い時間帯にやることで、作業効率が高まります。

脳をあまり使わないタイプの事務処理などは、それが終わった後に回すことで、効率よく作業を進めることができます。

仕事の効率を維持するためには、午前10時と午後3時にピーナッツとか、ドライフルーツを軽くつまむことが役立ちます。

これは**血糖値の上下変動をできるだけ抑える**ことが目的です。

空腹になって血糖値が高くなり過ぎると眠くなり、低くなり過ぎるとやる気スイッチがオフになります。

血糖値が上下動を繰り返すと、身体が疲れてしまいますから、それを抑え込む工夫が必要なのです。

欧米のビジネスパーソンは、エグゼクティブになるほど健康管理に気を遣っており、スケジュールに有酸素運動の時間を組み込んだり、リンゴを食べる時間を決めるなど、相当に細かく計算して日常の習慣に取り入れています。

外資系企業の場合は、会社の業績に関係なく、エグゼクティブの下位10％は会社を去るように言われる可能性が高まりますから、健康管理に意識を向けて仕事の効率を高めることは、彼らにとっては死活問題といえるのです。

テクニック 03 苦手な作業の前に、得意な作業をやる

苦手な仕事というのは、どうしても手をつけるのが遅くなってしまいます。

そんな状況から抜け出すためには、苦手な仕事を始める前の段階で、自分が得意な仕事や、好きな作業を少しだけやってみると、精神的なフリーズ状態を打ち破ることができます。

私の場合でいえば、経費精算などの細かい作業が得意ですから、重要度の高いビッグロックに取り組み始めて、少しでも「気持ちが乗らないな」と感じたら、得意な軽作業に切り替えています。

得意な作業を始めると、作業興奮によって、「自己肯定感」が高まってきます。**エンジンがかかりやすい状態を作ってから重要度の高い仕事を始めれば、スムーズに作業を進めることができる**のです。

自己肯定感を高めて、作業エンジンをかけることが目的ですから、簡単な作業であれば、どんなことでも応用ができます。

アメリカの海軍では、トップの将軍を含めて、**全員が自分の寝ていた布団を自分で畳むことから一日をスタートさせている**そうです。

眠くてウトウトした状態であっても、自分はきちんと布団を畳んで整理整頓した……ということが、自己肯定感を高めてくれて、その日の訓練に集中することができるといいます。

簡単なこと、好きなこと、得意なことを少しだけやって、自分の「やる気スイッチ」をオンにする仕組みを作っておけば、苦手な作業であっても、ポジティブな気持ちで向き合うことができます。

テクニック 04 嫌な仕事をする際は「ゴール」を変える

会社組織で働いていると、「嫌だな」とか、「あまりやりたくないな」と感じるような仕事が、いきなり降ってくることは誰にでもあります。

それを避けて通ることはできませんから、何とか気持ちを奮い立たせるための方法を、事前に準備しておくことが大切です。

私はマイクロソフトの時代に、**「500件の謝罪訪問」**という超ハードな仕事を任されたことがあります。

500件の取引先を訪ね歩いて、こちらの謝罪を受け入れてもらうのですから、想像しただけで気が遠くなるような厳しいタスクです。

それを何とか最後までやり遂げることができたのは、**「自分ご褒美」**を用意したことに理由があると考えています。

アンケート調査をしてみると、成果を出している人のほとんどが、何らかの「自分ご褒美」を設定して、嫌な仕事を乗り越えていることがわかっています。

私の場合は、誠意を持って謝罪訪問を終えたら、大好きなフルーツパフェを食べることを自分へのご褒美にしていました。

相手先の会社を訪問すると、めちゃくちゃに怒られるのですが、自分の頭の中で、**「謝罪訪問に行くことが目的ではなく、大好物のフルーツパフェを食べるために、謝罪訪問に行く」**……と目的を変換したのです。

ゴールを変えることによって、辛い仕事にも、何とか前向きに取り組み続けることができました。

聞き取り調査によると、成果を出し続けている人は、**給料日に「自分ご褒美」を用意しているケース**が多いという結果が出ています。

すべての仕事を無事に終えることができたら、今度の給料日に好きなレストランに食事に行くとか、欲しいと思っていたバッグを買うなど、自分がハッピーになるようなものを用意して、ハードな仕事を乗り切っているのです。

会社や上司が認めてくれたり、褒めてくれることを目的にしてしまうと、それがストレスになることが少なくありません。

日頃から、「こんなに頑張っているのに、なぜ上司は認めてくれないのだろう」と不満に感じているビジネスパーソンは、全体の8割に達しています。

人の評価を期待するのではなく、**自分がポジティブな気持ちになれる独自の価値基準を持つ**ことは、仕事のモチベーションを高めることに役立ちます。

テクニック 05

作業が20%進んだら方向性を再確認する

仕事の進捗状況が20%くらいになったら、一度立ち止まって、方向性が合っているかどうかを冷静に確認する必要があります。

この作業を「**内省**」といい、英語の「reflection」に相当します。

仕事の方向性を確認するためには、単純に内容を精査するのではなく、疑いの目を持って、「**クリティカル・シンキング**」（**批判的思考**）をするのがポイントです。

クリティカル・シンキングとは、物ごとや情報を無批判に受け入れるのではなく、さまざまなアングルから検討して、論理的で客観的な判断をすることです。

自分の仕事を疑いの目で見るのは、意外に難しい作業ですが、これに慣れておかないと、思わぬ方向に進んでいることに後で気づいて、道に迷ったり、後戻りを余儀なくされます。

進捗20％で内省することは、ムダな時間を作らないための大事なチェックポイントと考えることが大切です。

そのタスクが上司から依頼されたものであれば、進捗20％の段階で上司のチェックを受けて、「すり合わせ」をしておく必要があります。

上司のチェックについては、この後の『作業別・初速の上げ方』のコーナーで詳しくお伝えします。

テクニック 06 重要度の高い仕事は、明日に先送りしない

私が仕事を始めてから今年で26年になりますが、これまでを振り返ってみて、仕事を先送りして事態が好転したことは一度もなかったと思います。

仕事を明日に延期しても、状況が悪化したり、やることが増えるなど、面倒なことばかりが積み重なって、いいことは何一つありません。

今日できる仕事は、今日中にやる方が、圧倒的に効率よく進みます。

成果を出し続けている人たちは、「明日やろうは、バカヤロー」と考えています。やるべきことがわかっていて、それをやる時間とエネルギーがあるのならば、今日中にやってしまおう……と考えているから、仕事が早く進みます。

無理して残業や徹夜をするのではなく、決められた時間内に作業ができる状況にあるのならば、**「今日やってしまった方が、明日が楽になる」**という考え方をしています。

注意が必要なのは、急いで今日中にやるのは、あくまでも重要度の高い仕事であり、重要度が低いタスクであれば、躊躇なく明日に回しても問題はありません。

明日に延ばす仕事を決めることは、今日やるべき仕事を決めることでもあります。今日やるべき仕事が決まれば、そこに時間とエネルギーを集中することが可能になります。

こうした状況判断を繰り返しているから、質の高い仕事ができるのです。

明日に先送りする仕事を決める際には、次のような「三つの条件」を基準にすれば、後々のトラブルを避けることができます（図8参照）。

【条件①】仕事の「期限」はいつか？

仕事は期限から逆算して段取りを組むことが基本ですから、**まずは期限を確認することが第一の条件**です。

期限が1カ月後であれば、何も問題はありませんが、明日が期限であれば、他のタスクの進捗状況を考えて、間に合うかどうかを判断することになります。

【条件②】作業をする「時間」と「場所」は決まっているか？

「明日で大丈夫だろう」と考えるようなタスクは、そのまま放置することが多くなり、やらないで終わる確率は70％といわれています。

本当にやるつもりで明日に延ばすのであれば、**それをやる「場所」と「時間」を明確にしておく**必要があります。

「明日の午後3時であれば、自宅で1時間の作業ができる」、「出社を1時間だけ早めれば、オフィスでやる時間が作れる」など、きっちりと予定が組めるのであれば、明日に先送りしても支障なく作業ができます。

【条件③】作業の「段取り」は組まれているか？

明日に回す仕事は、段取りがきちんと組まれていることが大切です。

仕事はステップ(段階)を踏んで進めることが基本ですから、手順や段取りがクリアになっていなければ、どこから手をつけていいのか、わからなくなります。

迷子になったり、ムダな作業が多くなって、作業がストップしてしまう可能性が高くなります。

この三つの条件が揃っていれば、明日に延期しても、9割以上の確率でその仕事に取り組むことができます。

明確になっていないものが一つでもあるならば、すぐにそれをクリアできるかどうか……が判断の基準となります。


頑張っても成果が出ない人たちのヒアリング調査によると、多くの人が三つの条件のどれもクリアできていない状態で、仕事を明日に先送りしています。

それは戦略的な日程調整ではなく、仕事から逃げるための「現実逃避」です。

日常的に現実逃避を繰り返していると、初速を早めるどころか、手をつけていないタスクばかりが増えてしまいます。


上司の「マイクロマネジメント」（過干渉）

図8 仕事を先送りするときはこの3つを見極める！

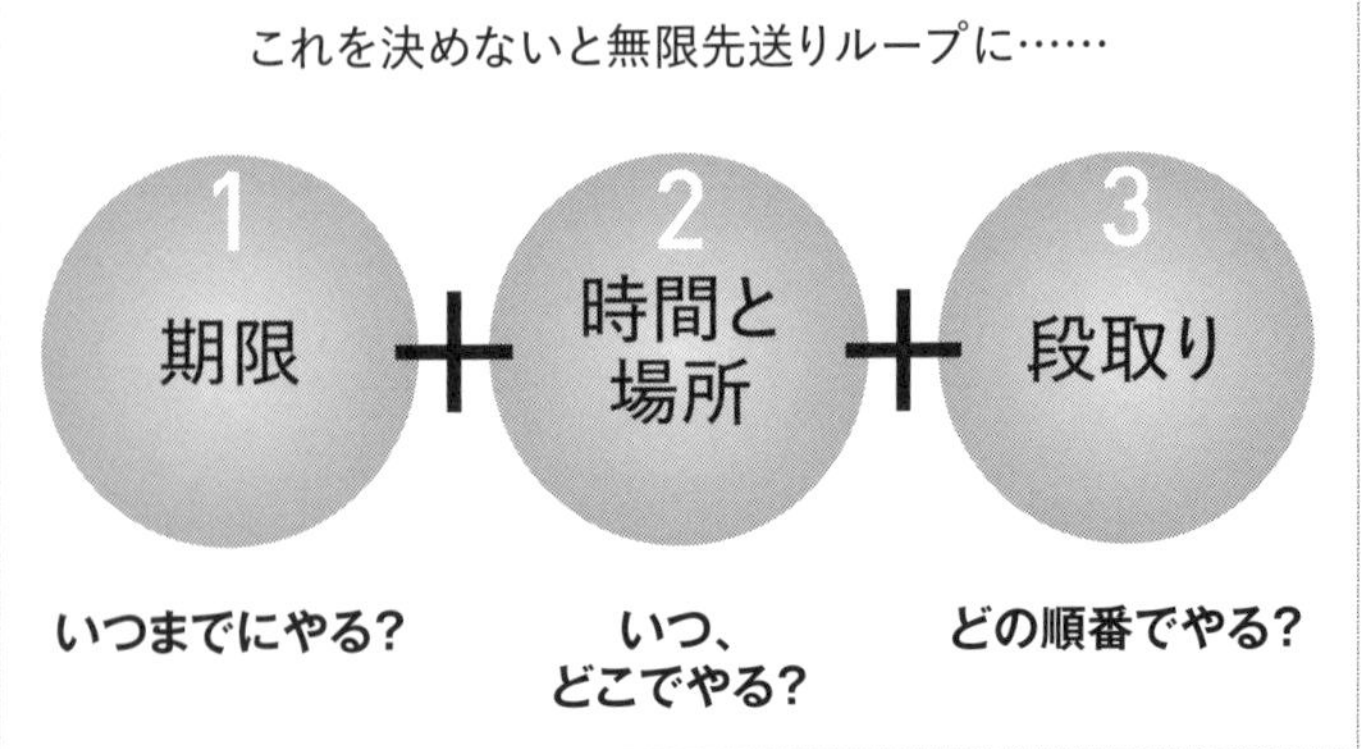
これを決めないと無限先送りループに……
1
期限
2
時間と場所
3
段取り
いつまでにやる？
いつ、どこでやる？
どの順番でやる？

が始まるのは、それが原因であるケースがほとんどです。

テクニック07 「休憩時間」と「休憩の仕方」を決めておく

成果を出し続けている人は、「集中する」ことではなく、**「集中を継続する」**ことを意識して、効果的な休憩時間の取り方を工夫しています。

マラソン選手が、給水所で水分や糖分を上手に摂取して、最後に猛スパートをかける準備をしているのと同じです。

集中力を途切れさせずに作業を進め、**最も大事なゴールの手前でフルパワーを発揮して、いかに早くゴールに飛び込むか？**

休憩時間を取る一番の目的は、それを実現することです。

仕事を始めて作業興奮が出ると、2時間でも3時間でも、集中して作業をすることができますが、成果を出し続ける人たちは、それを「**やめる**」習慣を持っています。**集中して長時間の作業をすると、疲労が蓄積して、作業効率が悪くなります。**

作業興奮が出すぎてしまうと、作業することが目的になってしまい、本来の目的を見失ってしまう危険性もあるからです。

こうしたリスクを回避するためには、あらかじめ休憩時間と休憩の仕方を決めておくことが大切です（図9参照）。

作業を始めて45分が経ったら、作業を中断してデスクから離れ、コーヒーを飲むとか、30分が経過したらグミを食べるなど、それぞれの好みに応じて、手軽で時間のかからない

図9 休憩の取り方で仕事の初速が決まる!

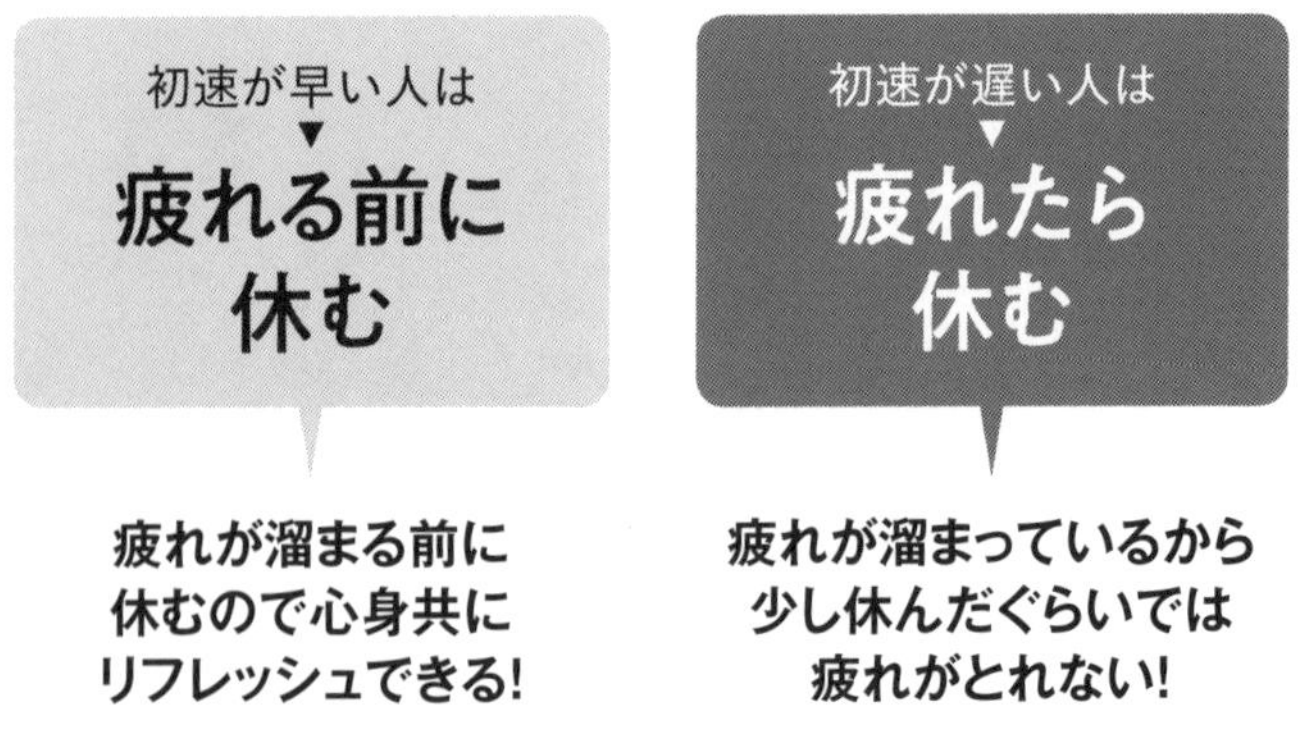
初速が早い人は
疲れる前に休む
疲れが溜まる前に休むので心身共にリフレッシュできる!
初速が遅い人は
疲れたら休む
疲れが溜まっているから少し休んだぐらいでは疲れがとれない!

気分転換の方法を工夫しています。

コーヒーを飲むために一度立ち上がる習慣があると、**「あれっ、何のためにこの作業をしていたんだっけ？」**と仕事を振り返る機会ができます。

ムダな作業にハマっていると気づけば、それをやめることができるのです。

これまでの行動実験によって、**コーヒーを飲みながら仕事をしたり、おやつを食べながら作業をすると、どうしても効率が悪くなる**ことがわかっています。

コーヒーを飲んだままで作業をすると、休憩のタイミングを見失って、疲れたり、眠くなってしまうことになります。

この仕事が終わったら、温かいコーヒーを飲んで一休みしようとか、この作業が終了したら、甘いおやつを食べよう……というメリハリの利いた状況を意図的に作った方が、作業効率が格段に高まります。

「集中する時間」と「休憩する時間」を明確に分けているから、彼らは仕事が早く進み、残業沼にハマリ込むことがないのです。

多くのビジネスパーソンが、「**疲れたら、休憩する**」**という働き方**をしていますが、そうした休み方によって、疲れが取れることはありません。

疲れが出た時点で、すでにエネルギーを使い過ぎていますから、休憩によって気分転換はできても、疲れが取れることはないのです。

成果を出し続けている人たちは、「**疲れる前に休憩する**」ことを重視しています。

テクニック 08

休憩は中途半端な時間の方がいい

聞き取り調査の結果、成果を出し続けている人の多くは**45分に一度のペースで小休憩を取っている**ことが明らかになっています。

1時間とか1時間半も作業を継続すると、集中力や作業効率の低下を招きますから、デスクの上にキッチンタイマーや、アナログ時計を置いて仕事をしている人も多く見受けられました。

45分という時間設定を「中途半端」と感じる人もいるかもしれませんが、中途半端な時間設定をすると、作業効率がアップすることがわかっています。

その代表例が、**「ポモドーロ・テクニック」**と呼ばれる時間管理術です。

ポモドーロ・テクニックとは、イタリアの起業家フランチェスコ・シリロによって考案されたもので、**「25分作業→5分休憩」を1ポモドーロ**として、4ポモドーロに一度の割合で15〜30分程度の長い休憩を取ることが、最も生産性をアップさせると考えられています。

この時間管理術の根拠とされているのが、**脳内麻薬とも呼ばれる脳内伝達物質「βエンドルフィン」のサイクル**です。

人間の集中力や作業スピードには、βエンドルフィンが深く関係しており、作業を始めると脳内で徐々に分泌が始まり、15〜20分くらいでピークに達して、そこから下降する……といわれています。

ポモドーロ・テクニックは、このサイクルを利用して、「25分間の作業セッション」→「5分間の休憩」という作業パターンを繰り返すことが、最も生産性をアップさせるだけでなく、細かく休憩を取ることで疲労も軽減できると結論づけています。

その効果を実感するためには、25分という時間設定が基準とされていますが、βエンドルフィンの分泌サイクルには個人差があります。

25分の作業時間ではさすがに短すぎるため、成果を出し続けている人たちの多くは、**現実的な時間設定として45分が適切**と考えています。

聞き取り調査によって、成果を出し続けている人たちは、作業が進むにつれて、休憩時間を微妙に変化させていることも明らかになりました。

1回目「45分作業して5分休憩」→2回目「45分作業して10分休憩」→3回目「45分

作業して15分休憩」など、**作業時間と疲労との関係を考えて、休憩時間を調整して**います。

休憩時間の設定は、その日の体調によっても変える必要がありますが、最も大事なポイントは二つあります。

①キリのいい時間設定をして、無理をしない
②疲れが出るまで、作業を続けない

成果を出し続けている人たちは、「疲れる前に休憩を取る」ことを習慣にしているのです。

テクニック 09
「休憩」と「再開」をセットにする

集中力が高まった状態で作業を続けていると、次のような二つの不安が頭をよぎることで、休憩を取ることに消極的になる人も多いと思います。

①集中力が続く限り、作業をやるべきではないか？
②作業を中断すると、集中力が途切れるのではないか？

①については、すでにお伝えした通り、あまりにも長時間の作業を続けてしまうと、疲れが溜まって作業効率が落ちますから、無理にでも作業に区切りをつけることが大切ですが、問題は②についての不安です。

快調に進んでいた作業を一時中断したら、集中力が戻らなくなった……というのは、多くの人が経験しているはずです。

気分が乗っているときに休憩するのは、意外に難しいため、成果を出し続けている人たちは、休憩を取ることと、仕事を再開することを一つのセットにしています。

休憩時間になったら、席を立ってコーヒーを注ぎに行き、窓際で外の景色などをボーッと眺めながらコーヒーを楽しみ、それを飲み終えたら、すぐに席に戻って作業を再開しています。

極端な人の場合は、予定の時間が来たら、行きたくなくてもトイレのために席を立ち、手を洗っただけで席に戻って仕事を始める人もいます。

「席を立つ」→「気分をリフレッシュ」→「席に戻る」→「作業を再開する」までを**ワンセットにしてルーティン化**しているのです。

大事なポイントは、一度席から立ち上がったら、**脳を使わずに戻ってきて、素早く作業を始める**ことです。

休憩時間中にスマホやSNS、テレビなどに触れてしまうと、自律神経が休まらず、集中力を取り戻すことが難しくなります。

まずは席から立ち上がり、脳を使わずに気分転換を図って、すぐに作業に戻ることを習慣化すれば、その後も集中力を維持することができます。

テクニック 10
スケジュールは2割くらい空けておく

仕事には想定外の出来事が付き物ですから、突然のアクシデントによって、動き出しが遅くなるという事態は、決して珍しいことではありません。

これまでの私の経験では、仕事をする上で想定外のことが起こる確率は、おおよそ2割だと思っています。

天変地異を予想できないのと同じように、明日、送られてくるメールの数などは見当がつきませんから、どんな仕事が降ってきても対応できるように、ある程度は、**スケジュールに余裕を持たせておくこと**が大切です。

人によって、想定外が起こる確率や、その対応にかかる時間は異なると思いますが、２割くらいは常にスケジュールを空けておく必要があります。

タスクを上手にコントロールするために、多くのビジネスパーソンがスケジュールを１００％埋めてしまいがちですが、**予定を満杯にしてしまうと身動きが取れなくなって、咄嗟の対応が遅れてしまいます。**

スケジュールに２割程度の空きを作っておけば、時間的にも精神的にも、余裕を持つことができます。

不測の事態が起こらなければ、その時間を次のタスクの準備に当てたり、自分の勉強に使うことができます。

空き時間がムダになることはなく、逆にアドバンテージとして、有効に活用することができるのです。

作業別

初速を上げるテクニック

ここからは、日常の仕事で大きなウエイトを占める作業について、初速を上げるためのポイントやコツを紹介します。

ここで取り上げるのは、次の五つの作業です。

①資料作成
②メール
③会議・チームミーティング
④企画立案
⑤情報検索

日常の作業には、自分では気づかなかったところに、仕事が遅くなる原因が隠れていますから、その作業に慣れていればいるほど、根本的な原因を見過ごしがちです。

これまでの仕事の進め方の、どこに問題があるのか？

日頃の働き方を、改めて見つめ直してみることが大切です。

資料作成 テクニック 11
一気に最後まで作ってはいけない

提案書や報告書など、仕事で作成する資料にはたくさんの種類がありますが、すべての資料作りに共通する大事なポイントは、「**作業興奮を適度に抑えること**」です。

勢いに乗って最後まで仕上げてしまうと、次のような問題が後から追いかけてきます。

①「情報が不足しているのでは？」と不安になる

②「この内容で大丈夫か？」と自信が持てなくなる
③上司から修正指示が出ると、作業時間が増える

こうした不安や作業時間の圧迫が、作業の手を止めさせることになり、初速が遅くなる原因を作り出しています。

成果を出し続けている人は、進捗状況が20％くらいの段階で、提出先に「**こんな感じで進めていますが、何か修正すべき問題点はありますか？**」と確認を取っています。

この確認作業は「**フィードフォワード**」と呼ばれています。

でき上がったものに対して意見を聞くのが「フィードバック」であり、完成前に感想を聞いて確認するのがフィードフォワードです。

報告書や議事録などの社内文書であれば、提出先は上司になりますから、作業が20％くらい進んだら、上司のチェックを受けます。

提案書などの社外向けの文書の場合は、上司の確認の後に、提出先企業の担当者に確認を求めます。

この確認作業によって、「もっとデータを入れてくれ」とか、「グラフを増やしてほしい」、「できるだけページ数を減らしたい」などの意見が得られますから、それを反映させて文書を完成させれば、**後からムダな修正をしなくて済む**のです。

このフィードフォワードの作業を1万9000人のビジネスパーソンで行動実験したところ、**上司からの差し戻しが「74%」減っています。**

20代の若手社員に限定すると、「89%」も差し戻しが減少したのです。

提出先が取引先の企業である場合には、**営業の成約率が「22%」上がっていますか**ら、フィードフォワードは極めて効果の高いテクニックといえます。

資料作成

テクニック

12

「1分」のフィードフォワード

フィードフィワードとは、作業完了後ではなく、**途中の段階で相手と「イメージ合わせ」をしておく**ことです。

作成する文書に対して、上司や取引先の担当者と思惑が異なることもありますから、「こんな感じで進めていますが、イメージは合っていますか？」と確認しておくことで、先に「正解イメージ」を知ることができます。

相手の要望を事前に把握できれば、差し戻しのリスクを回避したり、ムダな作業を省くことができるのです。

ダメな上司やチームリーダーほど、指示の出し方が曖昧です。

「わかりやすい資料を作れ」という漠然とした指示だけでは、どんな資料を作ればいいのかわからず、不安を抱えたまま作業をすることになります。

ダメな上司ほど、「あれ」、「これ」、「それ」、「どれ」などの不明瞭な指示代名詞を使いがちですから、早い段階でイメージを確認しておかないと、時間をかけて不必要に豪華な資料を作ることになります。

仕事の差し戻しというのは、上司にとっても、部下にとっても不幸なことです。また一から作業をやり直す部下の負担はもちろんですが、終業時間の間際に差し戻しを命じることは、上司にとって相当な精神的負担になります。

管理職が取り扱う情報量は、10年前と比べて2倍から3倍も増えており、確認すべきメールやチャットや資料、文書は膨大な量になっています。

早い段階のフィードフィワードは、上司の負担を軽くすることでもあります。

大事なポイントは、作業を始める前に、「進捗20%くらいの段階で、1分だけチェックしてもらってよろしいですか?」と確認を取っておくことです。

事前に報告しておけば、上司の方も、「あの資料はどうなっているんだ?」と余計なマイクロマネジメントをしなくて済みます。

「進捗20％」→「1分だけチェック」であれば、お互いの行動ハードルが下がり、精神的な負担も軽くなるため、初速を早くすることに役立ちます。

資料作成 テクニック 13
資料の「目的」を明確化する

資料というのは、それを作成することが目的ではなく、作った資料で「**相手をどう動かすか?**」が一番の目的です。

その目的には、大きく分けて三つあります。

①「合意」を得る

②「決定」を促す

③「協力」を得る

作成した資料によって、誰にどう動いてもらいたいのか?

資料を作る際には、目的を事前に把握してから、動き出すことが重要です。

私の会社では、この確認作業を「**事後行動デザイン**」と呼んでいます。


資料には、相手との「情報共有」という意味合いもありますが、そこで踏み留まったのでは、あまり効果は期待できません。

大事なのは、その共有した情報によって、「**どうしてほしいのか?」を伝えること**ですから、先に事後行動デザインを設計しておかなければ、相手を動かすことはできないと考える必要があります。


成果を出し続けている人は、上司から仕事を受けたときに、「この提案資料は、本部長に決定してもらうことが目的ですよね?」と先にゴール地点をすり合わせています。

資料を作る目的を事前に把握しておけば、「そのためには、こんなデータが必要だ」とか、「こういう図表を入れなければ、理解を得られない」など、**これから始め**

る作業の「戦略」と「戦術」が明確になります。

「誰に対する、どんな目的の資料か？」を知らずに作業を進めると、独りよがりな内容になって、その効果を得られない確率が高くなります。

見当違いな方向に走ったり、余計な作業に追われてしまうのは、事後行動デザインを設計していないことに理由があります。

資料作成を依頼されたら、「**この資料の目的は、こういうことですよね？**」、「**相手をこう動かせばいいんですよね**」と確認しておけば、ムダな作業をカットして、初速を早めることができます。

資料作成

テクニック

14

スライドの枚数は「持ち時間×0.75枚」

pptx

社内会議や取引先に対するプレゼンなど、スライドを作成する機会が多くなっていますが、「**どのくらいの枚数を作るか？**」は難しい問題です。

その昔は「**1スライド、1ストーリー**」が鉄則でしたから、自社プロダクトのストーリーを伝えるために、多くのスライドを準備することが当然とされてきましたが、あまりにも長いスライドは、逆に迷惑と受け取られる傾向にあります。

現代では、「**1分あたり1スライド**」**が主流**になっていますが、企業の意思決定者826人にヒアリング調査をしたところ、「**スライドの枚数と時間を、もっと減らしてほしい**」という回答が78％もありました。

「スライドの時間が長すぎる」と答えた意思決定者に、理想的な時間を聞いてみた結果、その平均時間は「**持ち時間×0・75枚**」であることがわかりました。

持ち時間が20分であれば、これまでは20枚前後のスライドを用意するのが一般的でしたが、現代のビジネスでは、「20分×0・75枚」＝15枚が適正ということです。

適正なスライド枚数を知っておけば、取引先に誠意を示すために、ムダに多くのスライドを作る必要がなくなり、作成枚数で悩むこともなくなります。

「このスライドは15枚で作ればいいんだな」とわかっていれば、それに合わせてコンテンツを用意すればいいのですから、自然と作業が早く進みます。

私の会社では、資料作成術についても、さまざまな行動実験を繰り返していますが、「**コンパクトな資料の方が、人を動かしやすい**」ことがわかっています。

効果的な資料には、3色以内のものが多く、成果を出し続けている人のほとんどは2色で資料を作成しています。

時間と労力を注いで7色も使ったカラフルな円グラフを作っても、それで人が動くことはまずありません。

資料を作る際には、**カラーでごまかさない**ことも大事なポイントです。

メール
テクニック
15
「伝わる」を重視する

仕事の通信手段としては、メールよりもチャットの方が効率がいいと思います。チャットであれば、コミュニケーションが完了するまでの時間が、メールよりも2～3倍は早くなります。

社内や先方の都合でチャットを導入できない企業もありますから、ここではメールに絞って初速を上げるためのテクニックをお伝えします。

メールのポイントは、**「伝える」ではなく、「伝わる」を重視する**ことです。

「伝える」ことにウエイトを置いてしまうと、説明の文章が長くなって、相手に意図が伝わり難いだけでなく、最後まで読んでもらえなくなる確率が高まります。

最悪の場合は、読まずにスルーされてしまうこともありますから、資料作成と同じように、短い文面でコンパクトに要件を伝えることが大切です。

メール

テクニック

16

一度に伝える

「メールに時間を取られて、仕事を圧迫している」というのは、ビジネスパーソンに共通する悩みのタネです。

その一番の原因は、「質問を送信」→「答えを受信」→「また質問を送信」→「また答えを受信」……という**無限地獄のようなメールのラリーを延々と繰り返している**ことにあります。

ムダなラリーを断ち切るためには、**相手に求めるアクションは一気に伝える**ことが大切です。

若手のビジネスパーソンには、「一問一答」というか「一メール一問」を習慣にしている人がたくさんいますが、これがラリーが延々と続く原因となっています。

「今回お聞きしたいことは三つです」と質問を先に書いて送れば、相手も返答しやすくなり、メール作成で貴重な時間を奪うこともなくなります。

　メールの回数を減らすためには、ここでも仮説を立てることが役に立ちます。

「こういう質問をしたら、相手はこう返してくれるだろう」ということを先に考えて、それを導き出すために、質問項目を工夫すれば、メールにかかる時間を大幅に短縮することができます。

メール テクニック 17
途中で件名を変えない

　メール件数の多い人は、管理職を含めてほとんどがスレッド表示（件名ごとにグループ分けされている表示方法）に設定していますから、やり取りの途中で件名を変えてしまうと、**該当メールを探し出すのに時間がかかってしまいます。**
　送り先が上司の場合は、これまでの経緯を一覧で確認する必要がありますから、件名の途中変更はＮＧと考える必要があります。

件名は「顧客名」や「プロジェクト名」にしておけば、どの案件についてのメールなのか、すぐに判断することができます。

成果が出ない人のメールには、「クロスリバー越川です」というような件名をつけているケースが少なくありません。

それは件名ではなく、単なる自己紹介ですので、すぐにやめることが大切です。

メールテクニック 18
冒頭に100文字の「概要」を入れる

メールは文字数が増えるほど、最後まで読んでもらえる確率が低くなりますが、どんな件名であっても、**冒頭の文面だけは閲覧率が高い**ことがわかっています。

この冒頭部分に、「何についてのメールなのか？」、「相手に求めるアクションは何か?」など、メールの重要ポイントを100文字程度でコンパクトにまとめておけば、相手の理解を早めることができます。

「先日は、ありがとうございました。表題の議事録について、明日5時までにご確認ください」

まずは冒頭で一番大事な要件をできるだけシンプルに伝えて、**それ以外のことは1行空けて、次の段落に書いておけば、無用な混乱を回避できます。**

だらだらとした長文が続くと、読むことが大変なだけでなく、返信にも時間がかかりますから、あくまでもシンプルな文面を心がけることが大切です。

メール テクニック 19
要件は「箇条書き」にして番号をつける

メールの文面が長くなるのを防ぐためには、できるだけポイントを整理して、要件を箇条書きにすることが大切です。

簡潔な箇条書きにして番号をつけておけば、その後のメールや打ち合わせの際にも「**メールの③番に書いた件ですが**」と伝えれば、混乱なく情報交換ができます。

情報交換が多くなりそう案件ほど、箇条書きが効果を発揮します。

こちらが率先してメールの文面を箇条書きにすれば、相手も箇条書きで答えてくれますから、お互いのメールを読むスピードが早くなって、作業効率が高まります。

会議

テクニック

20

事前に「アジェンダ」を送る

私の会社では、これまでに815社の働き方改革を支援してきましたが、最も多くの企業で取り組んできたのが「**会議改革**」です。
その課題は、大きく分けて次の二つに絞られます。

①ムダな会議をやめる
②やるべき会議をコンパクトにする

65ページの図5でお伝えしたように、社内会議は働く時間の43%を占めていますから、オフィスの電気を夜7時に消すよりも、ムダな会議をやめた方が早く家に帰ることができます。

現在は218社で会議改革を進めていますが、残業ができない状況を迎えたことによって、「これは何のためにやっているのか?」という視点で社内会議を見つめる企業が増えており、多くのビジネスパーソンが、ムダな会議を「やめる勇気」を持ち始めていることを実感しています。

毎週月曜日の午前中に開かれる定例会議やチームミーティングが象徴的ですが、ほとんどの社内会議は「**会議を開く**」**ことだけを目的**としており、明確なアジェンダ（議題）が設定されていないことも、決して珍しくありません。

定例会議の多くが、チームリーダーがメンバー個々の先週の行動を知って安心する……という「**上司向けのエンターテインメントの場**」になっていますから、8割以上の人が「嫌々ながら会議に参加」しており、6割以上の人が、「社内会議は席につくことが目的」と考えていることも明らかになっています。

会議改革を進めて行く中で、最も驚いたのは、**決められた時刻に始まる会議が全体の半分くらいしかない**ことです。

ほとんどの会議が60分単位で設定されているため、前の会議が終わる時間には、次の会議が始まる時間になっており、移動や準備の時間が設けられていません。会議は遅れて始まることが前提で、それが暗黙の了解になっているのですから、いかに形式的に会議をやっているのか、よくわかります。

事前にアジェンダが示されない会議は、「ムダな会議」と考える必要があります。本当に必要な会議であれば、遅くとも24時間前には参加者全員にアジェンダを伝えて、「何のための会議なのか?」を明確にしておくことが大切です。

「今日の会議のアジェンダは三つです。何々の案件についての①情報共有↓②アイデア出し→③決定となります」

事前にアジェンダが示されていなければ、参加者は当事者意識を持つことができません。現代のビジネスでは、「集まることだけが目的の会議」を素早く見直していくことが、仕事の効率を高めることになります。

会議
テクニック
21

参加者に役割分担を伝える

アジェンダが事前に示されない会議の場合、参加者の「内職率」は41％であることがわかっています。

参加することだけが会議の目的ですから、働く時間が限られている現代のビジネスパーソンが「格好の内職の場」と考えるのも無理はないのが現状です。

会議の効果を高めるためには、アジェンダを伝えるだけでなく、**会議の冒頭で参加者に役割分担を伝える**ことが大切です。

「情報共有は、吉田さんと山田さんに5分ずつ発表してもらいます」、「アイデア出しは、渡辺さんと本田さんも、ぜひ意見を出してください」など、名前を読み上げることで、内職率は3分の1くらいに減らすことができます。

最初の段階で会議の目的と役割を明確に伝えることが、参加者の当事者意識を高めることになります。

会議

テクニック

22

アジェンダのない会議はやめる

これまでの調査によって、アジェンダが明確になっていない会議で情報共有しても、**会社の業績にはまったく影響がない**ことがわかっています。

情報共有というのは、そこで得られた情報を参考にして、具体的な行動を起こすことが目的ですから、アジェンダがなければ、単なる活動報告で終わってしまいます。

パナソニックや関西電力、ソニーといったトップ企業では、**24時間前にアジェンダが出ないチームミーティングや会議を開催禁止**にしていますが、それによって成果に影響が出たという情報は、少なくとも私のところには入っていません。

アジェンダのない会議をやめても、売上げや生産性に影響が出ないだけでなく、営業の人であれば、その時間をお客様対応に充てることができますから、逆に売上げが上がったという報告もあります。

ムダな会議を減らすことは、必要な時間を作り出すことを意味しているのです。

企画立案

テクニック

23

「アイデアを出す」と「企画を決める」を切り離す

企画立案には、「アイデアを出す作業」と「提出する企画を決める作業」という二つのプロセスがありますが、複数で作業する場合は、**これを同時にやってしまうと上手く機能しなくなります。**

自社プロダクトの販促プランを考える際に、「こういうキャンペーンはどうだろうか？」というアイデアに対して、「そこまでの予算は出ないだろう」とか、「すでに他社が似たようなことをやっている」などの反対意見が必ず飛び出します。

アイデアを出しては潰され、また出しては潰される……を繰り返していたのでは、いつまでも結論が出ずに、時間ばかりが過ぎていくことになります。

企画立案の初速を上げて、効率よく結論にたどり着くためには、「アイデアを出す作業」と「提出する企画を決める作業」を明確に分けることが大切です。

アイデアを出すときは、予算や実現可能性、類似性などを一切考慮せず、「何をやれば自社プロダクトの売上げを伸ばせるのか？」だけを考えて、できるだけたくさんのアイデアを集めることに専念します。

上司やチームリーダーが、途中でダメ出しするのは絶対NGです。

どんなに奇抜なアイデアでもいいから、考えられる限りのプランを自由に話し合うことが重要です。

成果を出し続けている人がアイデア会議のファシリテーター（仕切り役）をするときは、絶対に「いいアイデアを出してください」とは言いません。**「何でもいいから、アイデアを出してください」**と参加者を促して、自らくだらないアイデアの見本を示すこともあります。**行動ハードルを下げることによって、たくさんのアイデアが集まります。**「いいアイデアを出せ」と言っても、なかなかアイデアは出ませんが、いいアイデアというのは、大量のアイデアの中に含まれているものなのです。

提出する企画を選び出す決定会議は、**意思決定権を持っている人だけが参加するのが大事なポイントです。**

オブザーバー役として本部長クラスが参加すると、相手の顔色を伺ったり、空気を読むなどの忖度が始まって、方向性を見失うことになります。

決定会議の冒頭で、多数決なのか、実現可能性や費用対効果で選ぶのかなど、最終的な決め方を話し合っておけば、さらに短い時間で判断を下すことができます。

これまでの行動実験によって、「アイデアを出す作業」と「提出する企画を決める作業」を分けると、**会議の時間が11％も短くなる**ことがわかっています。

時間的にも効率的にも、アイデア出しと決定作業は分けて考えることが大切です。

企画立案

テクニック24

アイデア出しの秘訣は「慣れる」こと

アイデアを生み出すために必要なのは、才能やＩＱ、学歴ではなく、**まずはアイデア出しという作業に「慣れる」こと**だと思います。

私が働いていたマイクロソフトでは、新しいビジネスプランとか、新規サービスのアイデアを、最低でも一週間に２本は出すことが社員全員に義務付けられていました。

このアイデア出しをスルーすると、厳重注意を受けることになり、最終的にはクビを言い渡されますから、相当にシビアな制度ですが、新入社員を除けば、この制度に苦労している人は、ほとんどいなかったように思います。

私も入社したばかりの頃は、**「恥ずかしいアイデアは出したくない」**と考えていましたから、多くの時間を費やしてアイデアをひねり出していましたが、やがてアイデア出しの基本を理解していないことに気づきました。

マイクロソフトの場合は、新規ビジネスチームとか、新規サービスチームがアイデアを選んでおり、アイデアを出す側と決める側が完全に別れていました。

さすがに今のテクノロジーでは不可能だろう……というような実現可能性は、意思決定者が考えればいい話なのです。

この作業を始めて1カ月ほどで、**「アイデアを出す側は、余計な心配をせずに、自由に発想すればいいんだな」**というアイデア出しの「本質」が見えてきました。

アイデア出しというのは、筋トレと一緒で、才能や能力ではなく、「慣れる」ことが一番のポイントです。

やり続けてさえいれば、自然と結果がついてきます。

マイクロソフトの社員は、毎週このトレーニングをやって、**アイデア出しの筋肉が鍛えられているから、短い時間でたくさんのアイデアを出すことができます。**


「こんなサービスがあったら便利だな」とか、「こんな機能があれば、仕事が楽になるのでは？」という視点から、思いつく限りのアイデアを次々と出しています。

そこから生まれたのが、「Gmail」や「Google マップ」などの斬新なアイデアだといわれています。


アイデアを出す際には、**「実現可能性を考えない」ことと、「上司の顔色を見ないことが大事なポイント**です。

この二つを考えなければ、自由な発想を手に入れることができます。

自由な発想ができれば、たくさんのアイデアを素早く生み出すことが可能になります。

情報検索

テクニック

25

作業の前に「制限時間」を決めておく

ネット検索は、次々と新たな情報が出てくると、どこまでも際限なく作業を続けることになりますから、どこでストップするのか、その見極めが難しい作業です。

ネットを利用して情報収集をする際は、作業を始める前に制限時間を設定しておくと、時間の浪費を防ぐことができます。

際限なく検索作業を続けていると、作業興奮が起こって、気がついたときには「作業沼」にドップリとハマりこんでいる状態になります。

本来の目的を見失って、**作業をすることが目的化してしまう**のです。

作業興奮には、「作業がスイスイと進む」というメリットがある反面、**「いつまでも作業を続けてしまう」というデメリット**もあります。

作業興奮は「諸刃の剣《つるぎ》」であることを理解して、上手にコントロールしていく必要があります。

ネット検索の実証実験によって、検索時間の長短がキャッチできる情報の精度と比例しないことがわかっています。**10分で探し出した答えと、1時間かけて探した答えの間には、あまり大きな違いはありません。**

重要な情報は、検索を始めてから10分くらいで掴むことが多いため、時間と効果は切り離して考える必要があるのです。

適正な検索時間には個人差がありますが、10分や20分など、一定の目安を事前に決めておけば、作業沼を回避することができます。

制限時間を前もって設定しておくと、作業を早く進める必要がありますから、自然と作業効率がアップします。

情報検索

テクニック

26

仮説を立てて複数のキーワードで検索

ネットで情報を集める際は、検索窓に入れるキーワードによって、アウトプットが大きく変わってきます。

漠然と知りたいことを検索するのではなく、まずは仮説を立てて、その仮説に沿って複数のキーワードを打ち込めば、効率よく情報をキャッチすることができます。

「ＡＩ」についての新しい情報がほしいならば、「ＡＩ」で検索するのではなく、「ＡＩ・最新・比較」と複数のキーワードで検索することによって、素早く求めている情報にアクセスできます。

単純に「ＡＩ」だけで検索するのではなく、**「ここで大事なのは、機能の違いを知ることだな」**という仮説を立てることで、「比較」というキーワードを選択できます。

複数の仮説を立てることができれば、それだけ多くのキーワードを選択できますから、欲しい情報を素早く早く絞り込むことが可能になります。

こうした視点を常に意識していれば、情報の洪水に巻き込まれる危険性を回避して、短い時間で欲しい情報を探し出すことができるのです。

第4章

無意識を操作！すぐやるメンタルの整え方

ベストコンディションをつくる方法

メンタルを整えないと初動スピードは上がらない

仕事の初速を上げるためには、メンタル（精神状態）を整えて、ポジティブな気持ちを維持することが重要です。

私たちのメンタルには、次の二つの「環境」が大きな影響を与えています。

①外部環境（作業場所、温度、湿度など）
②内部環境（睡眠、自律神経、ストレスなど）

この章では、前向きな気持を手に入れるための「メンタル」の整え方に焦点を当てて、12のポイントを紹介します。

外部環境と内部環境から受ける影響には、それぞれ個人差があります。

現在の状況を冷静に見つめ直して、自分に合った整え方を工夫してみることが大切です。

外部環境 01

デスク周りを黒や白などの「単色」で統一する

「やる気が起こらない」とか、「集中力が続かない」という問題は、私たちを取り巻く外部環境が大きく関係しています。

外部環境の中でも、格段に大きなウエイトを占めるのが、「**視覚環境**」です。

人間には、外部の情報や刺激をキャッチするセンサーが1100種類あるといわれていますが、その中の1000種類は視覚による情報が占めています。

外部環境を整えるための第一歩は、「目」がキャッチする情報を、いかに抑えるか……がポイントとなります。

成果を出し続ける人たちの作業環境を調査したところ、**デスク周りを黒や白などの「単色」で統一している人が大多数を占める**ことが明らかになりました。

パソコンのキーボードやマウスパッド、デスクマットや筆記用具などをブラックやホワイトなどの単色で揃えて、目から入る情報を極端に少なくしているのです。

カラフルな色彩のアイテムが作業デスクの周囲にあると、眼精疲労の原因になったり、気が散る要素が増えることで、集中力の維持が難しくなります。

デスク周辺をシンプルな色に統一すれば、余計な視覚情報が排除されるため、**「ゾーン」（集中力が高まり、感覚が研ぎ澄まされた状態）に入りやすい環境**になります。

初速を上げて、作業効率をアップするためには、デスク周りの色彩をできる限り抑えることが有効な手段となります。

外部環境
02

デスクの上に大容量のドリンクを置かない

オフィスで作業するときに、デスクの上にペットボトルのドリンクを置いている人も多いと思いますが、あまり大容量のドリンクはおすすめできません。

前章の「休憩」の項目で、時間を決めて席を立つことの重要性をお伝えしましたが、大容量のドリンクが机の上にあると、**ダラダラと仕事を続けることになって、作業効率が悪くなります。**

座ったままの状態が長く続くと、血流が悪くなって眠くなったり、集中力の低下を招きます。

水分補給が目的であれば、最小限のボトルで済ませる必要があり、**できるだけ冷蔵庫や自動販売機まで足を運ぶ習慣を持つことが大切**です。

成果を出し続けている人たちは、ドリンクではなく、アナログのキッチンタイマーをデスクの上に置いて、休憩や水分補給のタイミングを見計らっています。**一瞬で残り時間を判断するためには、デジタル時計よりもアナログが便利**です。定期的に水分を補給して、仕事を効率的に進めるためには、ペットボトルのドリンクよりも、アナログのキッチンタイマーの方が効果があります。

外部環境

03

「整理整頓」を心がけると初速は早くなる

成果を出し続ける人たちに共通する特徴は、在宅勤務でも、オフィスで仕事をする場合でも、作業環境がキレイに整理整頓されていることです。

その理由は、必ずしもキレイ好きなわけではなく、**ムダな情報を目に入れないように工夫している**のです。

作業デスクの上に、人気キャラクターのフィギュアなどが雑然と置いてあると、つい気になって集中力が途切れてしまいます。パソコンの電源コードがグチャグチャに絡まっていると、作業を中断して、元通りの状態に戻したくなります。

こうした余計な行動を防ぐためには、整理整頓が役立ちます。

必要な文房具を探し出すためのムダな時間が生まれないだけでなく、デスク周辺がキレイに整えられていれば、**そこに座った瞬間に、無理なく気持ちを仕事モードに切り替える**ことができます。

余計な情報を遮断して、作業環境を整えておくことが、仕事の初速を上げるための近道となります。

外部環境
04

自分が集中できる「場所」を見つけておく

リモートワークの普及によって、仕事をする場所を自由に選択できる時代になっていますから、自分が集中できる作業場所を先に見つけておくことも、仕事の初速を上げることにつながります。

人の気配が感じられるカフェや喫茶店の方が集中できる人もいれば、一人で静かな場所で作業した方が効率がいい人もいます。

自分に合った場所を事前に把握しておけば、作業場所に悩む必要がなくなります。

私の場合は、飛行機や新幹線で移動中に仕事をすると、圧倒的に作業スピードが早くなることが経験でわかっています。

人から見られる環境の方が、作業熱が高まったり、サボっている姿を見られたくないという気持ちが働くためかもしれません。

飛行機や新幹線に乗り込むだけで、自然とやる気スイッチがオンになります。

「ここで作業をすれば、短い時間で効率よく仕事ができる」と思える場所を持っておけば、そこに行くだけで仕事モードに入ることができます。

外部環境 05

快適な「温度」と「湿度」を意識する

作業場所に関連しますが、快適な作業環境を整えるためには、温度と湿度にも気を配ると、効率よく作業することができます。

私たちが気持ちよく仕事ができる環境は、**室温が25～26℃、湿度は40～50％**といわれていますが、これには個人差があります。

エアコンで部屋の温度を調節する際には、空気清浄機の除湿や加湿の機能を上手に使って、湿度にも目を向けることが大切です。

私は自分自身でも、さまざまな実証実験を繰り返していますが、**温度よりも湿度の方が、作業効率に大きく影響する**ように感じています。

私の会社は完全リモートですから、夏は北海道、冬は沖縄などで仕事をする機会を増やしていますが、それは快適な湿度を求めているからです。

一日中、誰かとリモートで話をしているため、冬場に東京の乾燥した空気の中にいると、喉を痛めたり、疲れやすくなるのです。

人間の身体は温度と湿度の変化に敏感に反して、作業効率やモチベーションに大きな影響を与えますから、どこで作業する場合でも、温度と湿度のコントロールに目を配る必要があります。

内部環境 01

7時間の睡眠を取ると、脳の働きが活発になる

内部環境とは、身体の内側の心理的なコンディションを指します。

そのカギを握るのは、「**睡眠**」、「**自律神経**」、「**ストレス**」の三つです。

この三つを上手にコントロールすることが、脳の働きを活性化して、仕事の初速を早くすることにつながります。

睡眠が大事なことは誰もが認識していますが、忙しいビジネスパーソンは意外と簡単に犠牲にしがちです。

睡眠時間を削ることによって、一日の「帳尻合わせ」をしている人も、決して少なくありません。

寝不足の状態が続くと、仕事をすることが面倒に感じるようになります。

動き出しが遅くなるだけでなく、いざ作業を始めても、集中力や根気が続かなく

なって、作業効率は最悪の状態を迎えてしまいます。

寝不足で仕事をするくらいなら、早めに帰宅して、翌日に仕事をした方が、効率は格段にアップします。

私の会社では、メンバー全員に「**一日7時間以上の睡眠**」を義務づけています。

脳科学者によると、「7時間の睡眠を取ると、脳の老廃物がきれいに消え去って、働きが活発化する」といいます。

たくさんの論文を確認してみると、老廃物のない状態で脳を働かせた方が、作業パフォーマンスが高いことが明らかになっています。

私も昔はショートスリーパーだったため、マイクロソフトの時代は2〜3時間の睡眠で仕事をしていましたが、激務が続いたことで、体調を崩した経験があります。

精神科医に相談に行くと、「**騙されたと思って、7時間睡眠を2週間だけ続けてください**」といわれて、睡眠導入剤を処方されました。

騙されたつもりで、7時間睡眠を2週間だけ続けてみると……自分でもビックリするくらい元気になっていました。
それを境にして、睡眠の重要性を改めて痛感するようになり、7時間睡眠を心がけるようになっています。

最初の頃は寝付けない日が続きましたが、これもまた**「慣れ」の問題**だと思います。部屋の湿度や寝具、パジャマなどを工夫したら、半年くらいで7時間睡眠ができるようになりました。

現在は**夜9時に寝て、朝4時に起きて仕事を始める**のが、自分に合った睡眠の取り方だと思っています。

睡眠は、ストレスの解消にも効果があるといわれています。
ストレスを解消してメンタルを元の状態に戻すことを、心理学では「レジリエンス」（回復力）といいますが、睡眠には高いレジリエンス効果があることがわかっています。
「嫌なことがあっても、一晩寝れば忘れられる」というのは、医学的にもエビデンス（根拠）のある行動習慣です。

睡眠の取り方を改めて考えてみることも、仕事を効率よく進めるための大事なポイントとなります。

内部環境 02

「朝のルーティン」を作って心穏やかに一日を始める

優秀な経営者やビジネスパーソンは、朝起きたら、ヨガやストレッチ、散歩を楽しむなど、一日を安定した気持ちで過ごすための**「朝のルーティン」**を持っています。

朝の行動に共通するのは、**「マインドフルネス」を意識している**ことです。

マインドフルネスとは、「余計なことを考えずに、目の前のことに意識を集中させる」という心の状態を指します。

毎朝、コーヒーを飲む習慣がある人ならば、無意識にただ飲むのではなく、豊かな味と香りに意識を集中させて、ゆっくりと堪能することを大事にしています。

目の前の一点に意識を集中させると、リラックスできるだけでなく、集中力が高まるといわれています。

こうした朝の習慣があるから、気持ちを安定させて、一日の仕事に取り組むことができるのです。

最近は、若い女性を中心として、白湯《さゆ》を飲むことが流行していますが、心静かに白湯を飲むことによって、自律神経が整えられるといわれています。

私もこの習慣を取り入れて、朝一番に白湯を飲んでから、**「大人の塗り絵」**をすることを朝のルーティンにしています。

大人の塗り絵は2005年から販売されていますが、「アートセラピー」と呼ばれるなど、メンタルケアの効果が高いといわれています。

塗り絵をやってから仕事を始めると、落ち着いた気分で作業に取り組めるように感じています。

タクシーの運転手さんに聞いた話によると、朝の出勤前に夫婦ゲンカをすると、交通事故を起こす危険性が高くなるといいます。

職種に関係なく、どんな仕事であっても、心穏やかに一日を始める方が、効率よく仕事を進めることができるのです。

内部環境 03

スマホを枕元に置かない

スマホやパソコンなどの「デジタルデバイス」は、便利な半面、一日中ずっと使い続けていると**自律神経を乱す原因**になります。

自律神経が乱れると、不安感や緊張感が高まり、頭痛や肩こり、不眠などの症状が起こって、仕事に支障が出るだけでなく、日常生活にも大きな影響が出ます。

成果を出し続けている人たちは、自律神経を整えるために、デジタルデバイスに触れない「**デジタル・デトックス（解毒）**」**の時間**を意識的に作っています。

アンケート調査によると、多くの人が、「寝室にスマホを持ち込まない」ことを日常の習慣にしています。

眠る直前までスマホに触れていると、仕事モードが長く続くことになり、脳が休まらないだけでなく、眼精疲労も蓄積します。

その結果、寝つきが悪くなって、睡眠の質が低下してしまうのです。

成果を出し続けている人は、就寝前だけでなく、朝起きてすぐにデジタルデバイスに触らないことも、日常の習慣にしています。

目覚めた直後にスマホをチェックしてしまうと、「あっ、このタスクを急ぐ必要があるな」とか、「あのタスクは間に合うのか？」など、懸念材料ばかりが頭に浮かんで、気持ちがイライラしてきます。

まだ脳が十分に目覚めていない段階で、**いきなり仕事モードに突入することも、自律神経を乱す原因**になります。

スマホは、集中力が途切れたり、メンタルを乱す原因にもなりますから、仕事中の取り扱いにも注意する必要があります。

成果を出し続ける人たちは、デスクから少し離れた場所にスマホを置いて、作業の妨げにならないように工夫しています。


手元にスマホがあると、意味もなくネットショッピングを始めたり、マンガの続きが読みたくなります。

子供の頃に、**「お小遣いを貯めたければ、財布はポケットの奥に仕舞い込め」**と教わりましたが、作業時間のムダ遣いを避けるためには、スマホをバッグの中に入れておくか、すぐには手が届かないところに置いておくことがポイントです。


手元にスマホがないと、何となく不安になる人もいるでしょうが、着信があったり、LINEを受信したら、すぐに立ち上げればいいだけの話です。

初速を上げるためには、仕事のオンとオフを上手に切り替えて、メンタルを安定した状態に整えておく必要があります。

そのためには、**スマホを手放す勇気を持つ**ことが大切です。

内部環境 04

「ストレス発散法」を見つけておく

忙しい毎日を送っていると、ストレスを感じることも少なくありませんが、ストレスというのは、「自然災害のようなものだ」と考える必要があります。

人間の力では、地震などの自然災害を起こさないようにすることはできませんが、地震による津波の被害は抑えることはできます。

それと同じで、大勢の人がいて、社会が動いている限り、ストレスをゼロにすることはできませんから、**その被害を最小限に食い止めるための対策が必要**です。

私たちが「ストレス発散」と呼んでいるのは、そうした位置づけにある対策のことを指しています。

ビジネスパーソンのストレス発散法の上位を占めるのは、「**酒**」、「**趣味**」、「**有酸素運動**」の三つです。

金曜日や給料日の夜に会社の同僚やチームのメンバーと居酒屋で酒を飲み、上司に対するグチを言い合って盛り上がるのは、手軽で効果的なストレス発散のためのレジリエンス（回復力）です。

成果を出し続けている人には多趣味な人が多く、**趣味のために仕事をしている**という人も少なからずいます。

それがモチベーションになって仕事の踏ん張りが利くだけでなく、ストレス解消にもなるのであれば、まさに理想の働き方といえるかもしれません。

私の会社には、メンバーの中に医師もいますが、医師の立場からみると、ストレス発散には「有酸素運動」が適しているといいます。

有酸素運動というと、ダイエットが目的のように感じますが、フレッシュな酸素を肺と脳に送り込むことができるため、**週に2回、30分程度の散歩をするだけでも、十分にストレス発散の効果がある**といいます。

最近の傾向としては、ストレス発散というのは、「息」や「汗」を含めて、いろいろなものを身体の外に出すと効果があるといわれており、**サウナがブームになってい**

るのもストレス社会の象徴のように思われます。

サウナに入ると、大量の汗と一緒にストレス物質が体外に放出されるといいます。冷たい水風呂などに入って、気分がスッキリした状態を、近ごろでは「整う」といいますが、整うとはまさにレジリエンスの意味になります。

一度ストレス発散をしても、それがゼロになるわけではなく、次のストレスもすぐにやってきますから、**ストレスを溜め込まないようにすることが大切**です。

風呂に入ることでも、家族と話をすることでも、どんなことでもいいから、継続的にできるストレス発散法を見つけておくことが大切です。

内部環境 05

辛い仕事を始める前に「報酬イメージング」を！

「報酬イメージング」とは、この仕事が終わったら、「**どんな達成感や爽快感が得られるのか？**」というイメージを先に頭の中で映像化してから、作業に取りかかる……という脳の働きを活発にさせるテクニックです。

その仕事で得られる「報酬」を前もってイメージしてから仕事を始めるから「報酬イメージング」と呼んでいます。

この場合の報酬は必ずしも金銭ではなく、仕事の成果に対する自己肯定感、自己効力感、満足感、充実感なども含まれます。


新たなプランを取引先に提案するタスクであれば、**作成した提案書で先方の決定をもらい、相手の担当者と笑顔で握手を交わすシーンを映像化**します。

取引先企業への謝罪訪問など、気が重くなるタスクと向き合う場合には、お客様の許しをもらえて、追加発注を受けている場面を先にイメージしてしまうのです。

頭の中で鮮明に映像化しておくと、**「絶対にそれを手に入れよう！」と脳内に「報酬ホルモン」が分泌される**ため、自然に動き出しが早くなります。

イメージする映像は、できるだけ具体的でリアルな方が、潜在意識に強く訴えかけることになります。**静止画よりも動画、モノクロよりもカラー**で、決定的なシーンを映像化することが大事なポイントです。

私が大好きなフルーツパフェを報酬としてイメージする際には、パフェそのものを映像化するのではなく、いちごと生クリームをスプーンで口に運んで、食べる瞬間をイメージしています。

それが実現したようなイメージを持つことによって、脳がガソリンを供給されたような状態になり、活発に働き始めます。

自分にとって辛いタスクや苦しいと感じるタスクほど、この報酬イメージングが効果を発揮して、仕事の初速が早くなるのです。

内部環境 06
三つの「ファン」を確認する

ビジネスパーソン向けのワークショップでもお伝えしていますが、「無理ゲー」（難易度が高くてクリアが不可能なゲーム）と思われるようなタスクを始めるときには、三つのファンを確認すると、モチベーションが上がって、動き出しが早くなります。

「ファン」（fun）とは、楽しみ、面白さを意味する英語です。

【ファン①】これまでに、どんな楽しさがありましたか？（過去）

【ファン②】今、どんなことにハッピーを感じますか？（現在）

【ファン③】これから、どんなことがあればワクワクしますか？（未来）

楽しさとか幸福感というのは、誰かに与えてもらったり、いきなり空から降ってくるようなものではなく、自分で感じて、自分で見つけ出すものです。

人から与えられた評価ではなく、**自分自身が感じる「過去・現在・未来」のファンを確認する**ことが、メンタルを整えることに役立ちます。

①の過去のファンとは、これまでの仕事で経験した達成感や充実感などの「成功体験」を振り返ることです。

「昨年のプロジェクトは大成功したな」とか、「コロナ前には、営業成績でトップになったな」など、大きな成果を出した記憶を思い浮かべると、自己効力感が高まって、ポジティブな気持ちを取り戻すことができます。

記憶に残るような成功体験がなくても、「昨年のキャンペーンは、やりがいがあったな」とか、「あの担当者とはウマがあって、楽しく仕事ができたな」など、**自分が前向きな気持ちになれる記憶**を呼び覚ませば、作業充実感を復活させることができます。

仕事の初速が遅い人や、作業継続ができない人の特徴は、すぐに「自己否定」に走ってしまうことにあります。

「俺はダメ人間だな」とか、「私には、どうせできないな」など、ネガティブな方向ばかりに気持ちが向いてしまうため、動き出しが鈍くなってしまうのです。

「お客様に喜んでもらえた」とか、「取引先の担当者に深く感謝された」という経験があれば、それだけで十分な成功体験です。

無理ゲー的な難しいタスクに二の足を踏む状態を迎える前に、**自分のファンを思い出してみる**ことが大切です。

②の現在のファンや、③の未来のファンを確認することは、仕事のやりがいを見失ったり、気持ちが落ち込んだときの「道標《みちしるべ》」になります。

「どのように行動すれば、自分は嬉しい気持ちになれるのか？」を改めて確認することによって、前を向いて動き出す気持ちを取り戻すことができます。

どう考えても、目立った成功体験がなく、これといった喜びも見い出せない……というメンタルの場合には、素早く頭を切り替えて、先に紹介した「報酬イメージング」をやってみることです。

私の経験では、仕事の7割は面白くないと感じるようなものばかりですから、大事なのは、**「面白がる気持ち」を持つ**ことです。

三つのファンを確認することが、ポジティブなメンタルを手に入れるための「手がかり」となります。

内部環境

07

脳がやる気を出す「差モチ」の高め方

成果を出し続けている人は、第1章で紹介した「差モチ」を上手に活用して、仕事の初速を早めています。

差モチとは、現実と未来の間に乖離《かいり》があると、**それを埋めるために、脳が勝手にやる気を出して行動を始める**……ことによって生まれるモチベーションを指します。

その具体例には、次のようなものがあります。

【事例①】「今夜はデートの予定があるから、定時で上がろう」と思って作業をしたら、普段よりも仕事が早く進んだ。

【事例②】「あと5分で会社を出ないと、次のアポに間に合わない」と気づいたら、モチベーションに関わらず、勝手に準備を始めていた。

【事例③】終電に乗り遅れそうになったら、身体は疲れているのに、自然と駅に向かって走り出していた。

こうした行動は、本人のやる気とは関係なく、脳が勝手に行動を起こすサインを出すことによって起こります。

人間の脳には、理想と現実の間に差を感じると、それを埋めようとする特性があるといわれています。

「このままではヤバイぞ」と判断すると、本人の意思とは関係なく、脳が行動司令を出すのだそうです。

「終電に間に合う」という理想に対して、現実が「終電に乗り遅れそうな状態」であれば、脳がその差をキャッチすることで、自動的にスイッチが入り、自分の意思とは関係なく、自然にアクションを起こしているのです。

成果を出し続けている人たちは、常に理想から逆算して、意図的に現実との違いを作り出しているから、コンスタントに初速を上げることができるのです。

差モチを引き出すためには、「未来記憶」、「現在記憶」、「過去記憶」という三つの記憶の特徴を理解しておく必要があります。

①未来記憶「この先は、こうしたい」という将来の記憶
②現在記憶「こうしなければならない」という目先の記憶
③過去記憶「あのときはこうだった」という昔の記憶

「未来記憶」とは、このタスクをやると、「その先に、どんなことが起きるのか？」という、**行動の先にある未来をイメージする**ことです。

目先の忙しさを理由にタスクを先延ばしするのは、「現在記憶」が関係しています。目の前にあるタスクに腰が引けてしまうのは、自分ができなかったという昔の経験が「過去記憶」として残っていることが原因です。

差モチを引き出すコツは、「未来記憶」と「過去記憶」を持つことによって、**現実との差を脳に認識させる**ことにあります。

多くの人が、過去記憶は豊富に持っていても、未来記憶については、その存在を知らないため、これまで活用することができていないのです。

「このプロジェクトを、どうしても成功させたい」と強くイメージすると、それが脳内に未来記憶として残り、未来記憶と現実との間に差を感じることで、自動的にやる気が起こって行動が始まります。

過去記憶は、過去の状況と現在の状況を比較して、脳が違いを感じると、「このままではマズイぞ」と反応することで、早く動き出すことができます。

大事なポイントは、自分の過去と未来を冷静に見つめ直すことによって、現実との間にある差を把握して、それを脳にきっちりと認識させることです。

脳の不思議なメカニズムを活用すれば、モチベーションに関係なく、初速を早くすることができるのです。

第5章

リーダー必見！チームの「初速」を上げる方法

速くて強い集団をつくる

初速が「遅い」リーダーと「早い」リーダーの相違点

現代のビジネスはチーム戦ですから、**チーム全体で「初速を早くする」**という認識を共有して、メンバー個々が効率的に仕事を進めることが大切です。

それを牽引するのが、メンバーの上司であるチームリーダーの役目です。

この最終章では、チームの初速を早める方法について、チームリーダーが果たすべき役割を中心に詳しくお伝えします。

まず最初に、**初速が「遅いリーダー」と「早いリーダー」の行動パターンの違い**を明らかにしておきます。

その違いを知ることが、チームの初速を上げるためのヒントとなります。

初速が遅いリーダーには、次のような五つの共通した特徴があります。

【遅いリーダーの特徴①】
タスクの途中で何度も考えがブレる

初速が遅いリーダーは、初速に限らず、仕事全体が遅い傾向にあります。

その原因は、**最終的なゴールが明確にイメージできていないため、タスクの途中で考えがブレてしまう**ことです。

舵取り役のリーダーが、「昨日はA」→「今日はB」とコロコロと考えを変えると、作業の差し戻しや手戻り（不手際によるやり直し）が多くなって、現場は混乱します。

メンバーが、「指示通りに作業して、本当に大丈夫なのか？」と不信感を抱いてしまうため、どうしても動き出しが鈍くなります。

【遅いリーダーの特徴②】

メンバーの「やる気」をアテにしている

「やる気があるのは当たり前」と思い込んだり、「すぐに仕事を始めるのは当然のこと」と決めつけている人が多いのも、上手くいっていないリーダーの共通点です。

こうしたバイアス（思考の偏り）があると、**やる気があることを前提に作業が進む**ことになり、メンバー全員の士気が高まらないと、作業をスタートすることができません。

メンバーのやる気があるときだけ上手くいく仕組みになっているため、安定した成果が出せない状況を、自ら作り出しています。

【遅いリーダーの特徴③】

「べき論」で考えるため、明確な指示を出していない

初速が遅いリーダーは、仕事を「べき論」で考えがちです。

お客様訪問であれば、「10分前には相手先に着いているべき」と考えて、明確な指示を出さないため、30分前に到着している人や、1分前に来る人もいて、メンバー

の働く時間をムダにしています。

リーダーの「べき論」は、**口に出さなければメンバーには伝わりません**から、「10分前に訪問先に集合」など、定量的な指示を出す必要があります。

【遅いリーダーの特徴④】「職責」と「評価」を曖昧にしている

初速が遅いリーダーほど、**マイクロマネジメントをやりがち**です。

その原因は、「職責」と「評価」をメンバーにハッキリと伝えず、曖昧にしていることにあります。

職責とは、「自分の責任は何か？」であり、評価とは、「それを達成したら褒められる。達成できなければ怒られる」ということを意味しています。

「いつまでに、何をやるか？」が明確でなければ、メンバーはサボります。

サボっても怒られなければ、さらにサボり続けます。

仕事が遅いリーダーは、自分がマイクロマネジメントの原因を作り出していることとを、理解していないケースがほとんどです。

【遅いリーダーの特徴⑤】
行動実験を繰り返さず、ラッキーを待っている

変化の激しい現代のビジネスでは、行動実験を繰り返して、行動量を増やすことが大切ですが、**初速が遅いリーダーは行動実験の必要性を理解していません。**

大型案件が取れたり、ヒット商品が開発できるのは、7割くらいが運だったりします。

一度でも幸運なことがあると、ラッキーが空から降ってくるのを待つ状態になって、自分で考えて自発的に行動するフレームワーク（目標達成や課題解決に役立つ思考の枠組み）を作ろうとしなくなります。

すべてが運任せになるため、チームの成果が安定しなくなるのです。

初速が早いリーダーは、成果を出す仕組みを作っている

初速が早いリーダーは、遅いリーダーとは対極の行動を取ることによって、成果を出し続けています。

一番の違いは、成果を出し続ける「仕組み」を作っていることです。

継続的に成果を出し続けるためには、チームのメンバーが「**自律型**」（自分で考えて自発的に行動する）で、「**自走型**」（自分の力で前に進む）の働き方ができる環境を整えることが大切です。

初速が早いリーダーは、その実現をイメージしながら、チームのマネジメントに取り組んでいます。

仕事が早いリーダーに共通するのは、次のような五つの特徴です。

【早いリーダーの特徴①】最初に目的や意義を伝える

初速が早いリーダーは、最初に「タスクの目的」や「目指すべきゴール」、「その意義」をメンバーに伝えて、チーム全体で情報共有することを重要視しています。

【目的】なぜこのタスクをやる必要があるのか？
【成果】具体的なゴールはどこにあるか？
【意義】ゴールを達成すると、どんなメリットが生まれるか？

優秀なリーダーは、「これから目指す山の頂上はどこか？」、「到達したら、どんな景色が見えるか？」といったビジョンを示して、**チームの意識の統一を図っています。**

チーム全体で明確なビジョンを共有することによって、メンバーが目指すべき方向を見失わないようにするためですが、情報共有には、もう一つ別の理由もあります。**ゴールまでのプロセスを、メンバーに任せる状況を整えている**のです。

成果を出し続けるリーダーは、到達すべきゴールはハッキリと示しますが、そのプロセスまでは指示しません。

目指すべき山の頂上を伝えるだけで、「どのルートから、どのようにアタックするか？」については、メンバーの判断に任せています。

プロセスまで指示してしまうと、メンバーがプロセスを考える必要がなくなるだけでなく、**リーダーから指示が降りてくるのを待つようになります。**

そうした状況を作ってしまうと、「自律型」で「自走型」のチーム作りができなくなってしまうのです。

手取り足取りの細かい指示を出すのではなく、ある程度の裁量権をメンバーに与えて、**困ったときや苦しいときだけ手を差し伸べるような「伴走型」のコーチングを**

しているのが、成果を出し続ける優秀なリーダーの特徴です。

【早いリーダーの特徴②】
タスクの優先順位や判断基準の「軸」を示す

初速が早いリーダーの優先順位の判断基準は、成果を出し続けているビジネスパーソンと同じで「**緊急度は低くても、重要度が高い仕事**」を**最優先**しており、チームのメンバーにも、その徹底を指示しています。

メンバーが、「案件Aと案件Bのどちらを先にやるべきか?」で悩んでいたら、「実現可能性で選びなさい」とか、「費用対効果で選びなさい」など、**明確な「判断軸」を示すこと**も、優秀なリーダーの特徴です。

判断軸がハッキリしていると、仕事の方向性で迷うことがなくなるため、若手社員の成長を促すことにつながります。

【早いリーダーの特徴③】
チェックポイントを設けて、「見せる化」の習慣を作る

前章で成果を出し続けている人は「進捗20％の段階で上司のチェックを受けている」とお伝えしましたが、優秀な上司は自分から、「**タスクが20％くらい進んだら、状況を周囲に見せるように**」とメンバーに指示を出しています。

メンバーのスキルによっては、「次は50％まで進んだら再チェックするからね」と伝えるなど、段階的にチェックポイントを設定して、仕事の効率化を図っています。仕事の「見える化」ではなく、**「見せる化」する仕組み**を作っておけば、余計なマイクロマネジメントの必要がなくなり、リーダーは自分のタスクに専念する時間を作ることができます。

【早いリーダーの特徴④】
仕事の入れ替えをして、作業が始められる環境を整える

優秀なリーダーは、「あなたにやってほしい仕事があるんだけど」とメンバーに新

たなタスクを頼むときは、「その仕事は来週で大丈夫だから、こちらを今週中にやってほしい」と**仕事の入れ替え**をしています。

新たな仕事に手をつけやすい環境を整えておけば、メンバーはすぐに作業を始めることができます。

仕事の入れ替えをせずに、「この仕事も今週中にやってほしい」という頼み方をすると、動き出しが遅くなるだけでなく、メンバーのモチベーションにも影響が出ます。タスクによっては、現在の仕事を他のメンバーに振り分けるなど、状況に応じて臨機応変に対応しているから、チームの初速が早くなるのです。

【早いリーダーの特徴⑤】
メンバーの強みと弱みを掛け合わせて、人手不足を乗り切る

チームリーダーに対するアンケート調査によると、「**チームの目標を達成するためには、現在のマンパワーでは不十分**」と回答した人は98％に達しています。

「今の体制では、思うような成果が出せない」と考えているリーダーが大多数を占

めていますが、どこの企業でも人員を増せないのが現状です。

優秀なリーダーは、人手不足を嘆くのではなく、働き方の工夫に取り組んでいます。

企画立案が得意なメンバーには、プランニングの機会を増やし、資料作成が得意な人には、資料作りの時間が増えるように差配しています。

チームの売上げ目標が達成できそうであれば、スキルの弱いメンバーにスキルアップのための学習の時間を作ってあげるなど、**強みと弱みを掛け合わせるような**工夫をしています。

人員を増やして売上げをアップさせるという組織作りを「労働集約モデル」といいますが、現在の日本では、こうした考え方はすでに限界を迎えています。

優秀なリーダーは、**5人で上げてきた売上げを、どうすれば3人で上げられるか**というビジネスモデルを常に探し続けています。

職場の最前線でリーダーとして働いている人であれば、初速が早いリーダーと遅いリーダーの違いを知って、思い当たるフシがいくつもあるのではないでしょうか？

チームのメンバーとして仕事をしている人であれば、「まさに、あるあるだな」と感じる部分も多いと思います。

あなたがリーダーの立場にあるならば、**「耳の痛い話だな」と感じた部分が、現在の弱点や問題点**となります。

チームの初速を上げて、効率よく成果を出し続けるためには、明日から速やかに改善策を講じていく必要があります。

ここからは、チームの生産性を上げるために、リーダーに求められている具体的な対策について触れていきます。

どんな目標を設定すれば、チームの初速が上がるのか？

チームリーダーにとって、頭を悩ませるタスクの一つが**チームの「目標」を設定することです。**

あまりにも実現不可能な高い目標を設定すると、メンバーは「ムチャ振り」と受け取りますから、やる気やモチベーションに影響が出ます。

無難な目標を設定して、ハードルを下げてしまったのでは、チームの成長につながらなくなってしまいます。

成果を出し続けているリーダーは、次の三つのポイントを意識して、チームの目標を決めています。

【目標設定①】

ちょっと背伸びすれば手が届く「ストレッチゴール」を設定する

チームの目標は、「ムチャ振り」でも「楽勝」でもない、「やればできる」くらいの、ちょっと背伸びをすれば手が届くレベルに設定することが大切です。

少し頑張れば達成できる目標のことを「ストレッチゴール」といいます。

誰でも経験があると思いますが、**人間は実現の可能性があって、現在の実力よりも少しだけハードルが高い課題にチャレンジするとき**が、最もやる気が出て、モチベーションが高まります。

これは脳内に報酬系ホルモンの一つである「ドーパミン」が発生するためといわれていますが、「ちょっと背伸びすれば手が届く目標」が目の前に提示されると、前向きな気持で課題に取り組めることは、ほとんどの人が経験値として知っていると思います。

【目標設定②】

適切な目標は行動実験を繰り返して決める

ここで問題になるのが、「どのレベルが、少し背伸びの状態なのか？」という判断基準です。

チームの総合力やメンバー個々のスキルによって、それぞれ事情が異なりますから、模範解答と呼べるようなものは存在しませんが、チームとしての行動実験を繰り返していけば、「おおよそ、このあたりだな」というレベルを読み解くことができます。

大事なポイントは、**「ちょっとだけ背伸びをする状態」**を常に意識しながら、冷静に状況を見つめて、適正な水準を探し続けることです。

その見極めが、リーダーの腕の見せ所となります。

【目標設定③】

目標はできる限り定量化、数量化して伝える

チームの目標は、定量化、数量化してメンバーに伝えることが大切です。「もう少し頑張れ」とか、「あと一踏ん張りほしい」という曖昧な目標を与えられても、メンバーは戸惑うことしかできません。

「売上げを1・3倍にする」など、具体的な数字やデータで示す必要があります。

成果を出し続けるビジネスパーソンは、**「100」という目標が設定されたら、自分には「110」を課している**ことが、追跡調査によってわかっています。

目標をクリアすることはもちろん、多少の失敗があっても100は超えるという状況を自分で作り出しているのです。

メンバーのやる気を高めて、チームの成果を引き寄せるためには、「少しだけハードルの高い目標を設定して、具体的な数字で示す」ことが大事なポイントとなります。

チームの初速が上がる「指示」の出し方とは？

チームの初速を上げて、効率的にタスクを進めるためには、**リーダーの的確な指示出しが不可欠**です。

タスクを始める前の段階で、メンバーに指示を出す際には、次のような三つの確認をしておくことが大切です。

【確認①】
タスクの「3W1H」を明確に伝える

「3W1H」とは、**Who（誰が）、What（何を）、When（いつまでに）、How（どのように）**……ということです。

仕事を効率的よく進めるためには、作業を始める前の段階で、メンバーに対して、「どんな仕事を、誰が、いつまでに、どのようにやるか」を明確に伝える必要があります。

この「3W1H」がわかっていれば、メンバーは、**「誰が何に手をつければいいのか？」**を理解して、作業の段取りを考えることができます。

タスクだけを丸投げして、期限や役割分担を曖昧なままにしておくと、誰も当事者意識を持てないため、チームの動き出しが鈍くなります。

私の会社では、チームのメンバーが自分から「3W1H」を宣言して、チーム全体でそれを共有する文化をつくっています。

リーダーの立場からすると、「この人は、3W1Hが整っているから、任せて大丈夫だな」という判断ができますから、細かいチェックをしなくて済むのです。

【確認②】

早い段階での「イメージ合わせ」の重要性を共有する

リーダーとメンバーの間で、タスクに対する「認識」の違いがあるまま作業が進んでしまうと、差し戻しなどが発生して仕事が遅くなります。

「進捗20％チェック」の有効性はすでにお伝えしましたが、ドラフト（下書き）レベルでもいいから、本格的に動き出す前の段階で、**「イメージ合わせ」することの重要性を、リーダーとメンバーが共有しておく**ことが大切です。

「やり方はお任せするけど、イメージが合っていないと、お互いが不幸になるから、ドラフトレベルで5分だけ確認するからね」と伝えておけば、メンバーの動き出しは自然と早くなります。

少なくとも、進捗0％の状態が延々と続く事態は避けられますから、仕事の初速を早めることにつながります。

【確認③】
フィードバックするときは「承認サンドイッチ」を使う

成果を出し続けるリーダーの行動を調査した結果、彼らは一般のリーダーと比べて**4倍も「ありがとう」という言葉を口にしている**ことがわかっています。

「この仕事をやってくれ」と指示されるよりも、「**この仕事を頼むね、ありがとう**」といわれた方が、メンバーは気持ちよくタスクと向き合うことができます。

こうした気遣いも、初速を早くすることに役立ちます。


優秀なリーダーが、こっそりと使っている人心掌握術のテクニックに「**承認サンドイッチ**」と呼ばれるものがあります。

仕事の依頼の前後を「ありがとう」という言葉で挟んで、「**ありがとう＋依頼＋ありがとう**」と伝えるのが承認サンドイッチです。


最初の「ありがとう」は、「あなたが忙しいのは承知しているから、仕事を受けてくれて、ありがとう」という意味の感謝の言葉です。

その後の「依頼」で、具体的な3W1Hなどの依頼内容を伝えて、最後の「ありがとう」は、「期限通りにやってくれて、ありがとう」という意味を込めて、きちんとやってくれることを前提に、先に感謝を伝えているのです。

最後の「ありがとう」を伝えることによって、**「やらされてる感」がなくなり、**仕事を依頼したリーダーのためだけではなく、**自分のためにやるという当事者意識が生まれる**ため、前向きに仕事と向き合うことができます。

上司やリーダーに二度も「ありがとう」といわれたら、すぐにやらざるを得ない気持ちになるものです。

この承認サンドイッチは、20〜30代の若手社員の尻を叩いて、動き出しを早くさせる際にも効果を発揮します。

口頭でメッセージを伝える場合だけでなく、メールでも使えるテクニックです。

グローバル企業の上司のメンバーとの向き合い方

私は26年間、仕事をしてきて、約4分の3がマイクロソフトなどのグローバル企業でしたから、オーストラリア人やポルトガル人など、多種多様なタイプの優秀な上司と一緒に働いてきました。

グローバル企業の上司やリーダーは、チームのメンバーに対して、どのような接し方をしているのか？

参考までに、私の経験をお伝えします。

グローバル企業はジョブ型の評価基準で、徹底的に成果主義のため、仕事のやり方や進め方は、メンバーに任されることが多いです。

マイクロマネジメントをするような上司はほとんどいないため、精神的には楽でしたが、頑張っても頑張らなくても、成果を出さなければ退場を宣告されますから、日本企業と比べると、相当にシビアな世界だと思います。

上司やチームリーダーは動きが早く、仕事もできる人たちですが、チームのメンバーが目標を達成しなければ、自分の評価も下がってしまいます。

日本企業の上司やリーダーの87%がプレイング・マネジャーですから、自分の能力とスキルで成果を上げることも可能ですが、グローバル企業の上司はマネジメントのプロとして仕事をしているため、**チームやメンバーが目標を達成しなければ、自分のポジションを失うことになる**のです。

リーダーはメンバーが目標を達成するために、さまざまなサポートをしてくれますが、やり方を指示して、高圧的にコントロールするようなことは絶対にありません。

上司というよりも、仕事のパートナーとして、**「ゴールに到達するためには、どうしたらいいのか？」**をお互いが相談し合い、対話を重ねます。

私の経験では、一緒に仕事をしていても、上司と仕事をしているという意識は、あまりなかったように思います。

グローバル企業の上司と部下、リーダーとメンバーの関係は、**運命共同体の同志**という感覚に近いと感じています。

メンバーの士気を高める上手な「褒め方」とは？

メンバーのモチベーションを高めるためには、**「褒める」ことも大切**です。

日本人は海外の人たちと比べて褒めることが苦手ですから、言わなくてもわかるだろうと考えて「以心伝心」を期待しがちですが、何もメッセージを送らなければ、モチベーションの向上にはつながりません。

人を褒めるという行為の目的は、**「相手の気分をよくさせる」**ことにあります。

なぜチームリーダーがメンバーを褒める必要があるのかといえば、相手のやる気まではアテにしないとしても、やる気があった方が行動が早くなり、行動を継続してくれるからです。

それが「**褒める」と「ヨイショ」の違い**だと思います。

成果を出し続けている優秀なリーダーは、次のような二つの視点から、メンバーを上手に褒めて士気を鼓舞しています

【視点①】
メンバーの「能力」や「内面」に目を向ける

能力がゼロの人はいませんから、優秀なリーダーは能力やスキルに注目して、メンバーを褒めています。

能力を褒めるとは、目に見える結果だけでなく、その人の本質や内面にも目を向けて、それを評価するということです。

女性を褒めるケースで例えるならば、「そのワンピースは素敵ですね」と褒めるのはNG行為です。

セクハラ発言と受け取られる可能性があるだけでなく、「そのワンピースは」の

「は」があることによって、相手に「もしかすると、靴や時計は素敵ではないということ?」と余計なことを思わせてしまうため、結果的に褒めていることにはならないのです。

優秀なリーダーは、ワンピースを褒めるのではなく、**「そのワンピースを選ぶセンスが素敵ですね」**とセンスに着目して褒めています。

相手が持っている本質的な能力の高さを褒めると、相手は無条件に喜んでくれて、気分も上がります。

仕事でメンバーが大きな成果を出すと、リーダーはその成果ばかりに注目しがちですが、**メンバーのスキルや行動力の高さに目を向けることが大切**です。

表層的な部分ではなく、相手の中身を褒める方が、圧倒的に相手をいい気分にさせることができるのです。

【視点②】

成果だけではなく「プロセス」を褒める

「プロセス」を褒めるとは、成果だけを褒めるのではなく、その**成果を出すまでの取り組み方を褒める**ということです。

現代のビジネスはジョブ型や成果主義の方向に進んでいますから、出した結果が評価の対象になりますが、それだけを褒めたのでは、メンバーの気持ちは上がりません。

評価とは別に、日常的な仕事と向き合う姿勢を認めることが、メンバーのエネルギーを高めることになります。

ダイエットに成功した人に対して、「すごく痩せたね」と褒めるだけでなく、ダイエットを継続できる忍耐力や努力にも目を向けて褒めれば、二重三重に相手を喜ばせることができます。

目に見えるものではなく「内面」、成果だけではなく「プロセス」を褒めることを意識すると、メンバーは「**自分を見てくれている**」と感じることができます。

その安心感が「自己肯定感」や「自己効力感」を高めることになり、仕事の初速を早めることにつながります。

【視点③】「存在承認」と「行動承認」を心がける

リモートワークの浸透によって、メンバーの「孤立感」が問題になっています。

孤立感が深刻化すると、「**自分は必要のない存在ではないか?**」と感じ始めて、どうしても自己否定の方向に気持ちが傾いてしまいます。

こうした**孤立感を取り除くことも、リーダーの大事な役目**です。

そのポイントは、「存在承認」と「行動承認」の二つにあります。

存在承認とは、「あなたが私のチームにいてくれてよかったよ」、「あなたがいるから、本当に助かっている。ありがとう」という気持ちをメンバーに伝えることです。

行動承認とは、成果だけを褒めるのではなく、行動実験を繰り返して、成果に結びつけた行動力を評価することです。

失敗を恐れず、行動実験を繰り返す勇気を讃えることによって、メンバーはポジティブな気持ちで仕事と向き合うことができます。

メンバーの「ポジティブサイド」に目を向ける

リーダー研修などで「褒める」ことを推奨しても、日本企業のリーダーには、**メンバーを褒めたがらない人がほとんど**です。

シャイな人が多いからだと思いますが、「褒めると部下が動いてくれます。部下が動いてくれると、あなたの管理負荷が減って、楽になりますよ」と説明すると、ようやく重い腰を上げる……という感じです。

オーストリアの精神科医アルフレッド・アドラーは、「人間はわかり合えない存在だ」といっていますが、上司と部下、リーダーとメンバーも、**基本的には「わかり合えないものだ」と考えることが大切**です。

友達のような関係になる必要はありませんが、初速を上げるための大事な仕事の一つとして、「褒める」を意識することが重要なポイントです。

相手を褒めるためには、言葉を使って、コミュニケーションの中で伝える以外に方法がありません。

目で褒めたり、雰囲気で褒めることはできませんから、多少の照れ臭さはあっても、「褒めなければいけない」と考えて、ハッキリと言葉で相手に伝えることが大切です。

リーダーのタイプによっては、「メンバーの欠点ばかりが目について、褒める要素が見当たらない」という人もいますが、**人の欠点というのは、それを裏返しにすれば、すべてが褒める要素になります。**

視点を変えることによって、相手の欠点が多ければ多いほど、いくらでも褒める要素を見つけ出すことができます。

これも一つの「ポジ変」（ポジティブ変換）ということができます。

【具体例①】「いつも時間に遅れて来る」→「慎重に行動する人」
【具体例②】「あまり喋らない」→「口数が少なく、落ち着いている人」
【具体例③】「気を遣い過ぎる」→「周りの空気を読んで、言葉を選ぶ人」

物ごとには、必ずポジティブな解釈とネガティブな解釈が存在しますから、多少は強引でも、ポジティブサイドから相手を見つめることで、褒める要素を見つけ出すことができます。

メンバーを褒める習慣が身につけば、リーダーとしての仕事が楽になって、チームの初速も早くなります。

優秀なリーダーは、メンバーをどう叱っているのか？

リーダーにとって、「褒める」と同じくらいに難しいのが、メンバーを「叱る」という行為です。

優秀なリーダーは、メンバーの叱り方にも特徴があります。

メンバーが何か失敗をしても、それが行動実験によるものであれば、叱るのではなく、**「その失敗から、どんなことがわかったのか？」**を聞いて、メンバー全員とその情報を共有します。

優秀なリーダーがメンバーを叱るのは、次のような三つのケースです。

【ケース①】アクション（行動実験）を起こさない

【ケース②】失敗から得た学びを生かしていない
【ケース③】同じミスを何度も繰り返している

優秀なリーダーは、**「失敗を責めず、学びを褒める」**という姿勢を貫いており、学びを得るための行動を怠っていたり、学んだことを次のタスクに活かせていない場合は、メンバーを厳しく叱ります。

同じミスを何度も繰り返すということは、「これをやったら失敗する」という学びを活かせていないだけでなく、考えながら行動する「考動」ができていない証拠ですから、そこに問題点を絞って、きっちりと叱っています。

2019年に「パワハラ防止法」が施行されたことで、日本中の企業でハラストメント意識が高まり、最近はリーダーがメンバーを叱り難い時代になっています。

私は、パワハラ防止法によって企業に義務づけられている「パワハラ研修」も全国で開催していますが、企業の方から一番多いのが、「NGワードを教えてください」というリクエストです。

ほとんどの人が、「あれを言ったらダメ」、「これを言ってもダメ」ということを気にしていますが、私はＮＧワードが問題なのではなく、**上司と部下の「関係性」と「環境」に原因がある**と考えています。

信頼しているリーダーの言葉と、不信感も持っているリーダーの言葉では、同じ内容の話でも受け取り方は大きく違います。

１ｏｎ１の場で叱られるのと、チームミーティングの場でメンバー全員の前で叱られるのでは、まったく違う印象を受けてしまうものです。

リーダーとしては、パワハラやＮＧワードばかりを気にするのではなく、叱る必要があるときには、きちんと叱れるような関係性を築いておくことが大切です。

「ポジティブな未来像」を共有すると初速が早くなる

難しいタスクを前にすると、不安な気持ちばかりが先行して、一歩目が踏み出せないメンバーもいます。

そんな状況を感じ取ったら、リーダーはどんな行動を取ればいいのでしょうか？

メンバーに発破をかけて、叱咤激励する人もいるかもしれません。

何も声をかけることなく、黙って推移を見守る人もいると思います。

優秀なリーダーは、**行動した先に得られるイメージをメンバーと話し合い、その未来像を映像化して共有する**ことを心がけています。

共有する未来像は、ポジティブなものであれば、どんなアングルのものでもいいと思います。

「このタスクを達成したら、こんな社会貢献ができる」

「これを実現したら、あなたの評価はこのくらい高まる」

「あなたがやりたかった例のプロジェクトのチャンスが生まれる」

「あなたが希望していた部署への異動が可能になるかもしれない」

実際に行動して、それを達成したことによって得られるイメージを、リーダーとメンバーが話し合いの中で映像化していくことで、リアリティのある未来像を描くことができます。

そのリアルな未来像が、漠然とした不安を上回るものであれば、最初の一歩を踏み出す勇気を持つことができます。

プレッシャーに押されて動き出しが鈍くなりそうなメンバーがいたら、**「大丈夫。このタスクの先には、こんなハッピーが待っているよ」**と優しく背中を押してあげることも、リーダーの大事な役目なのです。

成長するチームに根づく「ファン&ラーンの法則」

現代のビジネスで成果を出し続けるチームには、一つの共通した特徴があります。手が届くギリギリの目標をメンバー全員で共有して、それを達成するために必要な行動実験を、メンバー全員が楽しんでやっていることです。

これを「**ファン&ラーンの法則**」といいます。

ファン&ラーンの法則とは、行動実験を「楽しみ」(fun)ながら進めて、失敗や成功から得られる情報を積極的に「学ぶ」(learn)という姿勢を示しています。

一度の成功体験よりも、数多くの失敗体験の方が、たくさんのことを学ぶことができますから、最初から成功を目指すのではなく、行動実験を繰り返して失敗から学ぶことを目指せば、失敗することが怖くなくなり、自然と初速が早くなります。着実な成長を手に入れているチームには、このファン&ラーンの法則がしっかりと根づいています。

大事なポイントは、**メンバーが行動実験を楽しんでやっている**ことです。成功だけを目指していると、プレッシャーに押されて動き出しが遅くなってしまいますが、行動実験であれば、学びを得ることが目的となる……という考え方がチームに定着していれば、経験の浅い若手メンバーも積極的に行動することができます。

行動実験から得られた情報をチームが共有して、メンバー全員が楽しみながら行動実験を続けられるような雰囲気を整えておくことが、リーダーの重要な役割です。チームミーティングでは、タスクの成功や失敗だけを問題にするのではなく、「成功によって、どんなことを学んだか?」、「失敗によって、どんなことがわかったか?」など、**そこから学んだインサイト(本質を見抜くこと)をメンバー全員で共有することが大切**です。

「今回は、こんな失敗をしましたが、何が問題なのか、ハッキリとわかりました。この部分を修正すれば、次は上手くいくと思います」

チームミーティングの場で、若手メンバーが堂々とこんな報告ができるチームは、確実に成長するチームといえます。

おわりに

日本企業で働き方改革がスタートして4年以上が経過していますが、現時点で改革に成功していると回答した企業は、「12・1％」という結果が出ています（2022年3月・608社対象、クロスリバー調べ）。

働き方改革が進まない原因は、多くの企業が残業時間の削減や有給休暇の消化ばかりに目を向けているため、**最も大事な「仕事の効率化」に意識が集中していないこと**にあります。

働き方改革とは、目的ではなく、あくまでも手段です。

一番の目的は、会社の「成長」と社員の「幸せ」を両立させることですから、仕事の効率化が図られなければ、働き方改革は「絵に描いた餅」になってしまいます。

私が本書『仕事は初速が9割』を執筆した理由はここにあります。

「仕事を効率的に進めて、成果を出し続けている人たちは、初速が早い」という調査結果を起点として、本書は、「どうすれば、仕事の初速が早くなるのか？」、「初速が早い人たちは、どんな働き方をしているのか？」に焦点を絞りました。

明日から「小さな行動実験」を始める勇気を持つ

この本でお伝えしたメソッドは、私の個人的な意見ではなく、800社以上の一般社員を対象とした行動実験によって、再現性の高さが明らかになったものばかりです。

成果を出し続けている人たちが、日々の仕事で実践しているメソッドを参考にすれば、多くの人が効率よく仕事を進めることができる……という発想から本書は誕生しました。

この本を読み終えたら、それだけで済ませるのではなく、どのメソッドでもいいから、**明日から、すぐに小さな行動実験を始めてもらいたい**と思います。

「まずはやってみる」→「行動を振り返る」→「この本に戻って新たな行動を探す」→「またやってみる」……というローリスク・ローリターンの小さな行動実験を繰り返すことが、初速を早めて、仕事を効率的に進めることに役立ちます。

本を読む際には、気になる箇所に付箋《ふせん》を貼る人が多いと思いますが、付箋を貼って満足するのではなく、**付箋を貼ったところの行動を実際にやってみて、**自分に合っていたら丸印などのチェックを入れ、合っていなかったら付箋を剥《は》がす……という行動実験を繰り返していけば、少しずつ経験値が上がって、達成感が得られます。

自分のスキルや環境に合わせた「個別最適」な選択をする

すべてを一度にやろうとすると、行動ハードルが上がってしまいますから、「**どれか一つをやるとしたら、自分ならこれだな**」という感覚で、自分に合った、自分ができるものを選んでほしいと思います。

視界を邪魔する電源ケーブルを片づけてみたら、意外とスイッチが入ったなと感じたら、次は快適な温度や湿度を検討してみるなど、ステップ・バイ・ステップで、小さな行動実験を積み重ねていくことが大切です。

自分に合わないと感じたら、そのメソッドは諦めて、次のステップをやってみる……ということが大事なポイントです。

あくまでも行動実験ですから、成功を目指すのではなく、まずは「やってみる」、「動いてみる」ことです。

過去のファン（楽しさ）を確認して、「自分には、そんなものないぞ」と感じたら、「**自分は、どんな状態になれば、納得できるのかな？**」と視点を変えてみればいいのです。実験することが目的ですから、いきなり成功を目指してはダメです。

自分のスキルや個性、環境に合わせた「個別最適」な選択をすることが、仕事の初速を上げて、成果を出し続けるための最短ルートとなります。

自分に合うもの、自分に役立つものを見つけ出すことが、行動実験の目的ですから、たくさんのサンプルの中から、自分にマッチするものを上手にピックアップしてほしいと思っています。

会社の「成長」と社員の「幸せ」を両立させるための働き方改革は、これからが本番です。

この本が、たくさんのビジネスパーソンの「マインドチェンジ」に役立つことを、心から願っています。

カバーデザイン
金澤浩二

本文デザイン・DTP
鳥越浩太郎

編集協力
関口雅之

[著者略歴]
越川慎司（こしかわ・しんじ）
株式会社クロスリバー 代表取締役
国内外の通信会社に勤務した後、2005年にマイクロソフト米国本社に入社。業務執行役員としてPowerPointやExcel、Microsoft Teamsなどの事業責任者を歴任する。2017年に株式会社クロスリバーを設立。世界各地に分散したメンバーが週休3日・リモートワーク・複業（専業禁止）をしながら800社以上の働き方改革を支援。フジテレビ「ホンマでっか!?TV」などメディア出演多数。著書27冊。『AI分析でわかったトップ5%社員の習慣』（ディスカヴァー・トゥエンティワン）などが世界各地でベストセラーに。オンライン講演・講座は年間400件以上、受講者満足度は平均96%。Voicy「トップ5%社員の習慣ラジオ」が好評配信中。

株式会社クロスリバー
https://cross-river.co.jp/

仕事《しごと》は初速《しょそく》が9割《わり》

2023年12月11日　初版発行
2024年3月31日　第4刷発行

著　者　越川慎司

発行者　小早川幸一郎

発　行　株式会社クロスメディア・パブリッシング
〒151-0051 東京都渋谷区千駄ヶ谷4-20-3 東栄神宮外苑ビル
https://www.cm-publishing.co.jp
◎本の内容に関するお問い合わせ先：TEL(03)5413-3140／FAX(03)5413-3141

発　売　株式会社インプレス
〒101-0051 東京都千代田区神田神保町一丁目105番地
◎乱丁本・落丁本などのお問い合わせ先：FAX(03)6837-5023
service@impress.co.jp
※古書店で購入されたものについてはお取り替えできません

印刷・製本　中央精版印刷株式会社

 ISBN978-4-295-40899-4　C2034